아이가 주인공인 책

아이는 스스로 생각하고 성장합니다.
아이를 존중하고 가능성을 믿을 때
새로운 문제들을 스스로 해결해 나갈 수 있습니다.

〈기적의 학습서〉는 아이가 주인공인 책입니다.
탄탄한 실력을 만드는 체계적인 학습법으로
아이의 공부 자신감을 높여줍니다.

가능성과 꿈을 응원해 주세요.
아이가 주인공인 분위기를 만들어 주고,
작은 노력과 땀방울에 큰 박수를 보내 주세요.
〈기적의 학습서〉가 자녀교육에 힘이 되겠습니다.

안녕, 우리는 비법걸&비법보이야.

디자이너 다츠쌤이 우리를 귀엽게 만들어 주셨고,
이름은 길벗스쿨 기적쌤이 지어주셨지.
아직 그렇게 유명하진 않은데...
너희들이 예뻐라 해 주면 우리도 빵 뜨지 않을까? ^^
우리는 이 책에서 초등 전 학년을 맡고 있지!
이 책으로 너희들이 독해를 잘하려면 우리가 하는 얘기를 잘 들어줘야 해.
우리가 전수하는 비법대로만 따라 하면 독해 그까짓 거 식은 죽 먹기라고~!
같이 해 보자~~!!

초등 문해력, **읽기**로 시작한다!

기본편

길벗스쿨

기 적 의 독해력 7 초등 4학년 기본편

초판 1쇄 발행 2021년 3월 3일
개정 1쇄 발행 2024년 6월 1일

지은이 기적학습연구소
발행인 이종원
발행처 길벗스쿨
출판사 등록일 2006년 6월 16일
주소 서울시 마포구 월드컵로 10길 56(서교동 467-9)
대표 전화 02)332-0931 | **팩스** 02)323-0586
홈페이지 www.gilbutschool.co.kr | **이메일** gilbut@gilbut.co.kr

총괄 신경아(skalion@gilbut.co.kr) | **기획 편집** 박은숙, 유명희, 이은정, 이재숙
제작 이준호, 손일순, 이진혁 | **영업마케팅** 문세연, 박선경, 박다슬 | **웹마케팅** 박달님, 이재윤, 나혜연
영업관리 김명자, 정경화 | **독자지원** 윤정아

표지 디자인 디자인비따 | **본문 디자인** (주)더다츠 | **전산편집** 린 기획
표지 일러스트 이승정 | **본문 일러스트** 김영곤
CTP출력 및 인쇄 교보피앤비 | **제본** 신정문화사

▶ 잘못 만든 책은 구입한 서점에서 바꿔 드립니다.
▶ 이 책은 저작권법에 따라 보호받는 저작물이므로 무단전재와 무단복제를 금합니다.
　이 책의 전부 또는 일부를 이용하려면 반드시 사전에 저작권자와 출판사 이름의 서면 동의를 받아야 합니다.

ISBN 979-11-6406-691-9 64710
(길벗스쿨 도서번호 10924)
정가 12,000원

독자의 1초를 아껴주는 정성 길벗출판사

길벗스쿨 | 국어학습서, 수학학습서, 유아콘텐츠유닛, 어학학습서, 어린이교양서, 교과서, 길벗스쿨콘텐츠유닛
길벗 | IT실용서, IT/일반 수험서, IT전문서, 어학단행본, 어학수험서, 경제실용서, 취미실용서, 건강실용서, 자녀교육서
더퀘스트 | 인문교양서, 비즈니스서

『기적의 독해력』을 펼친 여러분께 우선 박수를 보냅니다.

이 책은 여러분의 독해력을 키우기 위해 만든 책이에요. '독해력'이 뭐냐고요? 읽을 독(讀), 이해할 해(解), 힘 력(力) 자를 써서, 글을 읽고 이해하는 능력(힘)을 말해요. 지금처럼 이 글을 읽고 무슨 뜻인지 알겠으면 독해가 되고 있다는 거고요. 이 글을 읽고는 있지만 도통 무슨 말인지 모르겠으면 독해가 잘 안되고 있다고 할 수 있죠.

우리는 살면서 많은 글을 읽어요. 그림책, 동화책, 교과서, 하다못해 과자 봉지에 있는 글까지. 그런데 이렇게 많은 글을 읽어도 이해하지 못한다면 얼마나 답답할까요? 글을 읽고 이해가 되어야 깨닫게 되고, 몰랐던 것을 알게 되고, 또 이어질 여러 가지 문제를 해결할 수도 있는데 말이죠.

그래서 '독해'는 모든 공부의 시작이고, '독해력'은 우리가 가져야 할 제일 중요한 능력 중의 하나이지요.

여러분이 펼친 『기적의 독해력』 시리즈는 여러분이 초등 공부를 시작할 때부터 완성할 때까지 함께할 비법서랍니다. 예비 초등학생을 위한 한 문장 독해부터 중학교 입학을 앞둔 6학년을 위한 복합적인 글 독해까지, 기본을 세우고 실력을 다질 수 있는 다양한 유형의 독해 글감과 핵심을 파고드는 문제들을 담고 있어요.

혹시 "글 속에 답이 있다!", "문제에 답이 있다!"라는 말을 들어 보았나요?
『기적의 독해력』 시리즈로 공부하면 여러분은 분명 그 해답을 쉽게 깨치게 됩니다.

잠깐, 쉽다고 대충 하지는 말아요! 글을 꼼꼼히 읽고 내가 잘 읽었는지 찬찬히 떠올리면서 문제까지 수월하게 해결해 나가는 게 가장 핵심이 되는 독해 비법이랍니다. 가끔 문제는 틀려도 돼요. 틀리면서 배우는 게 훨씬 많으니까요!
자, 머뭇거리지 말고 한번 시작해 보세요.

2021년 2월
기적학습연구소 국어팀 일동

독해력, 그것이 알고 싶다!

Q 독해력을 기르려면 무엇부터 해야 할까요?

A 다양한 글을 읽어야지요. 독해력은 하루아침에 길러지는 역량이 아닙니다. 하루에 한 편씩 짧은 글이라도 읽는 습관을 만들어 주는 것이 중요합니다. 또 자신이 읽은 글의 내용을 정리해 본다거나 한 문장으로 요약해 보는 습관을 기른다면 아주 효과적인 독해력 상승을 기대할 수 있습니다. 이 대목에서 '책 읽기'는 두말하면 입 아프겠지요? ^^;

Q 초등 입학 전에 독해 공부가 필요할까요?

A 초등학교에 입학해서 처음 보는 교과서는 기존에 봤던 그림책과는 구조와 수준이 달라서 급격하게 어려움을 느낄 수도 있습니다. 특히 문제 풀이에 어려움을 겪을 수 있으니 간단하고 짧은 글을 읽고, 내용을 이해했는지 가볍게 훑어보며 문제를 푸는 연습을 하면 초등 공부에 큰 도움이 될 것입니다.

Q 읽기는 하는데, 문제를 이해하지 못하는 것 같아요.

A 읽으면 바로 이해할 수 있는 쉬운 문제들도 있지만, 국어 개념이 바탕이 되어야 풀 수 있거나 보기를 읽고 두 번 세 번 확인해 봐야 답을 찾을 수 있는 독해 문제들도 많습니다. 문제를 이해하지 못한다는 것은 1차적으로는 그 문제를 출제한 의도를 파악하지 못하고 있다는 거고요. 그다음엔 어떻게 답을 찾아야 할지 방법을 모르고 있다는 것입니다. 독해도 일종의 기술이 필요한 공부거든요. 무턱대고 읽고 푼다고 해서 독해력이 생기는 것은 아닙니다. 글을 읽는 방법, 문제를 푸는 방법을 알고 있어야 보다 효과적으로 독해의 산을 넘을 수 있습니다.

Q 어휘력도 중요한 거 같은데, 어떻게 길러야 할까요?

A 어휘력은 독해력을 키우는 무기와 같습니다. 글을 잘 읽다가도 낯선 어휘에서 멈칫하거나 그 뜻을 파악하지 못해서 독해가 안되는 경우가 많거든요. 어휘력 역시 단번에 키우긴 어렵습니다. 그래서 독해 훈련을 통해 어휘력을 키우는 방법을 추천합니다. 글을 읽을 때 낯선 어휘를 만나면 문맥의 의미를 파악하는 연습을 꾸준히 하는 거죠. 그래도 모르는 낱말은 그냥 넘어가지 말고 국어사전을 찾아보는 습관을 들이세요.

Q 시중에 나와 있는 독해력 교재가 너무 많더라고요. 어떤 게 좋은 거죠?

A 단연 『기적의 독해력』을 꼽고 싶습니다만, 시중에 나와 있는 독해력 교재들이 모두 훌륭하더군요. 일단은 아이의 수준에 맞게 선택하는 게 가장 현명할 것입니다. 방법을 잘 몰라서 문제 풀이에 어려움을 겪는 친구들은 독해의 기본기를 다룬 쉬운 교재를, 어느 정도 독해가 가능한 친구들은 다양한 문제를 풀어 볼 수 있는 실전 교재를 선택해 보는 것이 좋습니다. (마침 『기적의 독해력』이 딱 그런 구성을 갖추고 있습니다.)

Q 『기적의 독해력』은 어떻게 바뀌었나요?

A 예비 초등(0학년)을 시작으로 6학년까지 학년별로 2권씩 구성되어 있습니다. 단계와 난이도가 종전보다 세분화되었는데요. 특히 독해 문제 풀이에 어려움을 겪는 친구들을 위해 독해 비법을 강화하여 독해의 기본기를 다진 후에 실전 문제로 실력을 완성시킬 수 있도록 구조화하였습니다.

기본편   실력편

기본편 은 독해의 시작이라 할 수 있는 기본서입니다. 학년별로 16가지의 독해 비법을 담고 있지요. 글의 종류에 따라 읽는 방법과 필수 유형 문제를 효과적으로 푸는 방법을 친절하게 안내하고 있어요.

실력편 은 독해의 완성이라 할 수 있는 실력서입니다. 교과 과정에 맞춘 실전 문제와 최상위 독해로 구성하여 앞서 배운 비법을 그대로 적용하면서 실력을 키울 수 있습니다.

Q 그럼 두 권을 같이 보나요?

A 독해 문제가 익숙하지 않은 친구는 기본편 으로 독해의 기초를 탄탄하게 쌓으면 되고요. 독해 문제가 익숙한 친구는 실력편 으로 단계를 올려서 실전에 대비하는 것도 필요합니다. 1학기는 기본편 으로, 2학기는 실력편 으로 촘촘하게 독해력을 키워 보는 것은 어떨까요?

Q 실력편 의 최상위 독해는 어떤 독해인가요?

A 최상위 독해는 복합 지문과 통합형 문제로 구성된 특별 코너입니다. 일반적인 독해가 단편적인 하나의 글을 읽고, 기본적인 문제를 풀어 가는 것이라면 실력편 5일 차에 수록된 복합 지문은 두 가지 이상의 글을 읽고 문제를 해결해야 하는 난이도가 높은 독해입니다. 같은 주제를 다루고 있는 두 편의 글이나 소재는 다르지만 종류는 같은 두 편의 글을 읽고, 통합 사고력 문제를 해결해야 해서 기존의 독해 문제보다는 조금 어려울 수 있습니다.
쉬운 글과 기본 문제만으로는 실력을 키우기 어렵지요. 자신의 수준보다 약간 어려운 문제도 해결하면서 실력을 월등하게 키워 나가길 바랍니다.

Q 『기적의 독서 논술』과는 어떤 차이가 있나요?

A 독해력이 모든 공부의 시작이라면, 독서 논술은 모든 공부의 완성이라 할 수 있습니다. 독해력이 단편적인 글을 읽고 이해하며 적용해 가는 훈련이라면, 독서 논술은 한 편의 긴 글을 읽고, 자신의 생각을 정리해서 표현해 보는 훈련 과정을 거치기 때문에 두 시리즈 모두 국어 실력 향상에는 꼭 필요한 교재랍니다. 한 학년에 독해력 2권, 독서 논술 2권이면 기본과 실력을 모두 갖추게 될 것입니다.

구성과 특징

01

하루 4쪽
DAY 학습

02

갈래별
독해 비법

이야기

시

정보가 담긴 글

의견이 담긴 글

03

3단계
독해 훈련

비법
∨
적용
∨
정리

1단계 　독해 비법을 파악하라

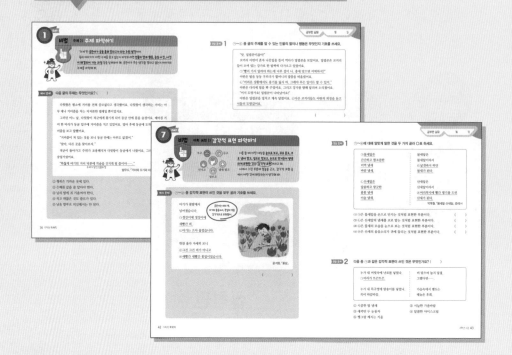

☝ 독해 비법

갈래별 4가지 독해 비법을 제시하였습니다.
'비법 걸'과 '비법 보이'의 설명에 따라 유형별 독해 비법을 꼭 확인하세요.

예시 문제

비법의 설명을 그대로 적용한 예시 문제를 풀어 보세요.
어떻게 풀어야 할지 감을 잡을 수 있어요.

연습 문제

비슷한 유형의 다른 문제를 풀면서 비법을 연습해 보세요.

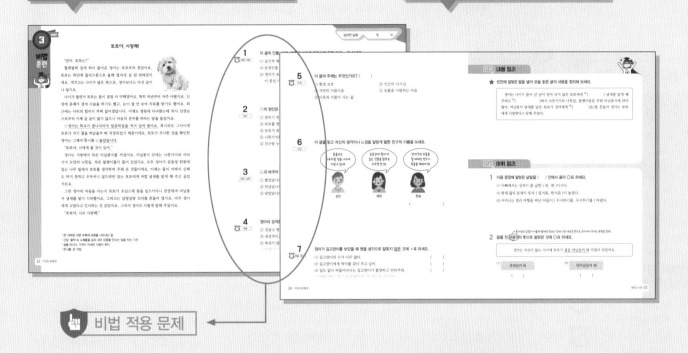

2단계 — 비법을 적용하라

비법 적용 문제

독 (讀): 이야기, 시, 정보가 담긴 글, 의견이 담긴 글이 지문으로 제시됩니다. 다양한 분야의 글을 읽으면서 생각을 정리하고, 내용을 유기적으로 연결하는 훈련을 해 봅시다.

해 (解): 글의 내용을 제대로 이해했다면 풀 수 있는 핵심적인 문제를 출제하였습니다. 앞서 배운 독해 비법(방패 표시)을 떠올리며 제시된 문제를 해결해 봅시다.

★ 낱말 미로
앞에서 학습한 어휘를 확인할 수 있도록 재미있는 퀴즈로 구성하였습니다.

3단계 — 정리하라

내용 정리
글의 내용을 요약 정리합니다. 빈칸을 채우거나 알맞은 내용에 ○표 하며, 독해를 마무리합니다.

어휘 정리
글에 나온 주요 어휘들을 문제로 정리합니다. 독해의 무기라 할 수 있는 어휘력도 빵빵하게 충전하세요.

초등 국어 독해 비법 96 커리큘럼 소개

『기적의 독해력』은 글의 종류를 문학(이야기, 시)과 비문학(정보가 담긴 글, 의견이 담긴 글)으로 나누고, 8가지 독해력 평가 원리를 바탕으로 글의 종류에 알맞은 독해 유형을 비법으로 제시하였습니다.

한 학년당 16가지 필수 독해 비법을 집중 훈련하고, 전 학년에 걸쳐 96가지 비법을 모두 터득하면 초등 공부에 필요한 독해력을 완성할 수 있습니다.

	1학년	2학년	3학년
이야기 창작 동화 전래 동화 명작 동화 생활문, 수필 극본	내용 이해 등장인물 파악하기	내용 이해 인물이 한 일 파악하기	내용 이해 가리키는 말의 내용 파악하기
	어휘·표현 시간(장소)을 나타내는 말 파악하기	짜임 일이 일어난 차례 파악하기	짜임 원인과 결과 파악하기
	추론 인물의 모습 짐작하기	추론 인물의 마음 짐작하기	추론 생략된 내용 짐작하기
	적용·창의 이어질 내용 상상하기	감상 인물에게 하고 싶은 말 떠올리기	감상 일어난 일에 대한 생각 떠올리기
시 동시 동요 현대시 시조	주제 무엇에 대한 시인지 파악하기	주제 중심 글감 파악하기	주제 말하는 이의 생각 파악하기
	어휘·표현 흉내 내는 말 파악하기	어휘·표현 반복되는 말 파악하기	추론 분위기 파악하기
	추론 시에 나타난 마음 짐작하기	감상 비슷한 경험 떠올리기	감상 인상 깊은 부분 떠올리기
	감상 장면 떠올리기	적용·창의 표현 바꾸어 쓰기	적용·창의 말하는 이의 생각 적용하기
정보가 담긴 글 설명문 안내문, 기행문 전기문, 기사문 견학 기록문 조사 보고서	주제 중심 낱말 파악하기	주제 제목 붙이기	주제 중심 문장과 뒷받침 문장 파악하기
	내용 이해 설명 대상의 특징 파악하기	내용 이해 알게 된 내용 정리하기	내용 이해 사실과 의견 구별하기
	짜임 주요 내용 정리하기	짜임 중요한 내용 정리하기	어휘·표현 낱말의 관계 파악하기
	추론 알맞은 낱말 짐작하기	추론 알맞은 내용 짐작하기	짜임 글의 내용 간추리기
의견이 담긴 글 논설문 연설문, 광고 편지, 토론 제안하는 글 부탁하는 글	주제 글쓴이의 생각 파악하기	주제 글을 쓴 까닭 파악하기	주제 주장 파악하기
	내용 이해 글의 내용 파악하기	내용 이해 생각을 뒷받침하는 내용 파악하기	내용 이해 문제 상황 파악하기
	비판 글쓴이의 생각 판단하기	어휘·표현 표현의 의미 파악하기	추론 문장의 의미 짐작하기
	적용·창의 글쓴이의 생각 적용하기	비판 글쓴이의 생각과 내 생각 비교하기	비판 근거의 적절성 평가하기

독해력 평가 8원리

1	2	3	4	5	6	7	8
주제	내용 이해	어휘·표현	짜임	추론	비판	감상	적용·창의

4학년	**5학년**	**6학년**
주제 주제 파악하기	**주제** 인물이 추구하는 가치 파악하기	**내용 이해** 인물의 갈등 파악하기
내용 이해 인물, 사건, 배경 파악하기	**내용 이해** 작품 이해하기	**어휘·표현** 속담, 사자성어, 관용어 알기
추론 인물의 성격 파악하기	**추론** 시대 상황 추론하기	**짜임** 이야기의 짜임 파악하기
적용·창의 인물의 생각 적용하기	**감상** 인물의 생각 평가하기	**추론** 배경이 사건에 미치는 영향 파악하기
어휘·표현 감각적 표현 파악하기	**내용 이해** 내용 파악하기	**주제** 주제 파악하기
짜임 시의 짜임 파악하기	**어휘·표현** 비유적 표현 파악하기	**내용 이해** 작품 이해하기
추론 문장의 의미 추론하기	**추론** 말하는 이에 대해 추론하기	**추론** 함축적 의미 파악하기
감상 생각이나 느낌 떠올리기	**적용·창의** 시 바꾸어 쓰기	**적용·창의** 작품 비교하기
주제 글의 중심 생각 파악하기	**어휘·표현** 다의어, 동형어 알기	**내용 이해** 글의 특징 파악하기
어휘·표현 헷갈리기 쉬운 낱말 구분하여 쓰기	**짜임** 설명 방법 파악하기	**어휘·표현** 호응 관계에 맞게 문장 쓰기
짜임 설명하는 글의 짜임 파악하기	**추론** 어울리는 자료 짐작하기	**짜임** 글의 짜임 파악하기
추론 뒷받침 문장 짐작하기	**비판** 글의 신뢰성 판단하기	**적용·창의** 자료 적용하기
주제 글의 제목 정하기	**어휘·표현** 적절한 표현으로 바꾸어 쓰기	**주제** 글쓴이의 관점 파악하기
짜임 주장하는 글의 짜임 파악하기	**짜임** 근거를 든 방법 파악하기	**추론** 글의 내용을 바탕으로 추론하기
추론 주장에 어울리는 근거 찾기	**추론** 짜임에 맞게 내용 예측하기	**비판** 글쓴이의 관점 비판하기
비판 뒷받침 문장의 적절성 평가하기	**비판** 내용의 타당성 판단하기	**적용·창의** 새로운 상황에 적용하기

차례

이야기

시

정보가 담긴 글

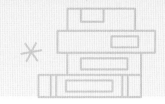

⭐ 의견이 담긴 글

출처

글

22쪽 「토토야, 사랑해!」 | 왕입분 | 2021

30쪽 「지호의 오해」 | 왕입분 | 2021

＊그 외 작품은 한국문학예술저작권협회, 한국문예학술저작권협회의 동의를 얻어 책에 실었습니다.

이미지

74쪽 『삼국사기』, 『삼국유사』 | 국립중앙박물관

＊위에 제시되지 않은 이미지는 사용료를 지불하고 셔터스톡 코리아에서 대여했음을 밝힙니다.

＊길벗스쿨은 이 책에 실린 모든 글과 이미지의 출처를 찾기 위해 최선의 노력을 기울였습니다.
　저작권자를 찾지 못해 허락을 받지 못한 글과 이미지는 저작권자가 확인되는 대로 통상의 사용료를 지불하겠습니다.

이야기

우리가 자주 읽는 전래 동화, 창작 동화, 수필 등은 모두 이야기예요. 이야기는 인물, 사건, 배경을 파악하며 읽어야 해요. 그리고 인물의 마음과 생각을 짐작해서 이야기의 주제도 파악해야 해요.

비법 주제 >> 주제 파악하기

'주제'란 **글쓴이가 글을 통해 말하고자 하는 주된 생각**이야.

특히 이야기가 어떤 주제를 담고 있는지 파악하려면 **인물의 말과 행동, 중심 사건, 사건이 해결되어 가는 과정** 등을 살펴봐야 해. 글쓴이가 무슨 생각을 말하고 있는지 이야기의 주제를 파악해 봐.

예시 문제 다음 글의 주제는 무엇인가요? (   )

> 다윗왕은 평소에 거미를 전혀 쓸모없다고 생각했어요. 다윗왕이 생각하는 거미는 아무 데나 거미줄을 치는 지저분한 벌레일 뿐이었지요.
>
> 그러던 어느 날, 다윗왕이 적군에게 쫓기게 되어 동굴 안에 몸을 숨겼어요. 때마침 거미 한 마리가 동굴 입구에 거미줄을 치고 있었어요. 얼마 후에 동굴에 도착한 적군이 거미줄을 보고 말했어요.
>
> "거미줄이 쳐 있는 것을 보니 동굴 안에는 아무도 없겠어."
>
> "맞아, 다른 곳을 찾아보자."
>
> 적군이 돌아가고 주위가 조용해지자 다윗왕이 동굴에서 나왔어요. 그리고 나지막이 중얼거렸어요.
>
> "하찮게 여기던 거미 덕분에 목숨을 건지게 될 줄이야⋯⋯."
> 주제가 담긴 인물의 말
>
> 탈무드, 「거미와 모기와 미치광이」 중에서

① 행복은 가까운 곳에 있다.
② 은혜를 갚을 줄 알아야 한다.
③ 남의 말에 귀 기울여야 한다.
④ 작고 하찮은 것도 쓸모가 있다.
⑤ 남을 함부로 의심해서는 안 된다.

연습 문제 1 ⊙~ⓒ 중 글의 주제를 알 수 있는 인물의 말이나 행동은 무엇인지 기호를 쓰세요.

> "앗, 밀렵꾼이잖아!"
>
> 코끼리 아딴이 혼자 나뭇잎을 뜯어 먹다가 밀렵꾼을 보았어요. 밀렵꾼은 코끼리들이 모여 있는 강가로 한 발짝씩 다가오고 있었어요.
>
> ⊙"빨리 가서 알려야 하는데 너무 겁이 나. 총에 맞으면 어떡하지?"
>
> 아딴은 발을 동동 구르다가 할머니의 말씀을 떠올렸어요.
>
> ⓛ"어려운 상황에서도 용기를 잃지 마. 그래야 무슨 일이든 할 수 있어."
>
> 아딴은 다리에 힘을 꽉 주었어요. 그리고 강가를 향해 달리며 소리쳤어요.
>
> "어서 도망가요! 밀렵꾼이 나타났어요!"
>
> 아딴은 밀렵꾼을 밀치고 계속 달렸어요. ⓒ다른 코끼리들도 아딴의 외침을 듣고 서둘러 도망갔어요.

(　　　　　　)

연습 문제 2 다음 글을 읽고 깨달을 수 있는 점으로 알맞은 것에 ○표 하세요.

> 한 소녀가 우유가 가득 담긴 양동이를 머리에 이고 들길을 걸어가고 있었어요. 소녀는 즐거운 상상에 빠져 있었지요.
>
> '이 우유로 무엇을 할까? 그래, 버터를 만들어 시장에 내다 팔자. 그럼 돈이 생기겠지? 그 돈으로 달걀을 사는 거야. 달걀에서 나온 병아리가 닭이 되면 또 시장에 내다 팔아서 새 옷을 사야지. 새 옷을 입고 축제에 가면 사람들이 아름다운 내 모습을 보고 깜짝 놀랄 거야. 몇몇 소년들은 내게 춤을 추자고 할지도 몰라. 그럼 어떻게 할까? 그래, 일단 싫다고 거절하자.'
>
> 소녀는 정말로 소년들의 청을 거절하듯이 고개를 가로저었어요. 그 바람에 양동이가 땅에 떨어져 들길이 하얀 우유로 물들었답니다.
>
> 이솝, 「우유 짜는 소녀의 들통」

(1) 꿈을 크게 갖자. 　　　　　　　　　　　　　　　　　　　　(　　)

(2) 허황된 꿈을 꾸지 말자. 　　　　　　　　　　　　　　　　　(　　)

(3) 꿈을 이루기 위해 끊임없이 노력하자. 　　　　　　　　　　　(　　)

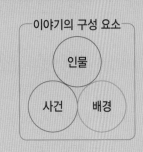

이야기의 구성 요소

인물

사건   배경

이야기(동화) 독해의 기본은 인물, 사건, 배경을 파악하는 거야.

인물은 이야기에서 어떤 일을 겪는 사람·동식물·사물을,

사건은 이야기에서 일어나는 일을,

배경은 일이 펼쳐지는 때와 장소를 뜻해.

예시 문제 다음 글을 읽고 인물, 사건, 배경을 바르게 정리한 것에 모두 ○표 하세요.

2058년 7월 1일 아침, 베일 박사와 많은 과학자가 연구소 상황실의 중앙에 설치된 커
<u>일이 일어난 때</u>   <u>인물 ①</u>   <u>인물 ②</u>   <u>일이 일어난 곳</u>
다란 화면을 쳐다보고 있었다. 그들은 지난 10여 년 동안 남극의 얼음이 녹아 대륙이 바
다에 잠기는 것을 막기 위해 끊임없이 연구했다. 하지만 끝내 방법을 찾지 못했다.

『화면에는 대륙이 바다에 완전히 잠기고 있었다. 그리고 뒤이어 대륙 하나가 사라진
세계 지도가 나타났다.

"아, 이럴 수가……."

"안 돼. 안 된다고!"

여기저기에서 과학자들의 *탄식이 흘러나왔다. 연구의 책임을 맡았던 베일 박사도 고
개를 푹 떨구며 절망스러운 목소리로 말했다.

"대륙을 지키지 못했어. 나 자신이 너무 원망스럽군."』『　』: 일어난 일

*탄식: 슬프거나 힘든 일이 있을 때 심하게 한숨을 쉼. 또는 그 한숨.

(1) **인물**: 베일 박사와 과학자들　　　　　　　　　　　　　　　　　　　　(　　)

(2) **사건**: 베일 박사와 과학자들이 대륙이 바다에 잠기는 것을 막았다.　　　(　　)

(3) **배경**: 시간적 배경은 2058년 7월 1일 아침이고, 공간적 배경은 연구소 상황실이다.

　　　　　　　　　　　　　　　　　　　　　　　　　　　　　　　　　　　(　　)

연습 문제 1 **다음 글에 나오는 선덕 여왕에 대한 설명으로 알맞은 것은 무엇인가요? (　　　　)**

> 선덕 여왕이 신라의 27번째 왕이 된 뒤의 일이야. 하루는 당나라 황제가 선덕 여왕에게 모란꽃 그림과 모란꽃 씨앗을 선물로 보내왔어. 신하들은 모란꽃 그림을 보고 아름답다고 감탄했지. 하지만 선덕 여왕은 못마땅한 듯이 말했어.
> "이 꽃은 틀림없이 향기가 없을 것이니 씨앗을 심어 보시오."
> 얼마 뒤 궁궐 뜰에 모란꽃이 활짝 피었어. 그런데 선덕 여왕의 말대로 모란꽃에서 향기가 나지 않는 거야. 몹시 궁금해진 신하들이 선덕 여왕에게 물었어.
> "폐하께서는 모란꽃에 향기가 없다는 것을 어떻게 아셨습니까?"
> "모란꽃 그림에 나비와 벌이 없으니 꽃에 향기가 없다는 뜻이 아니겠소? 당나라 황제가 내게 모란꽃 그림을 보낸 것은 남편이 없는 나를 놀리기 위함일 것이오."
> 신하들은 선덕 여왕의 지혜로움에 깜짝 놀랐어.
>
> 「선덕 여왕 모란꽃 설화」 중에서

① 엉뚱하다.　　　　　　　　　② 그림을 잘 그린다.
③ 신라의 27번째 왕이다.　　　　④ 당나라에 가고 싶어 한다.
⑤ 꽃 중에서 모란꽃을 가장 좋아한다.

연습 문제 2 **다음 글에서 공간적 배경을 알 수 있는 세 글자의 낱말을 찾아 쓰세요.**

> 걸리버는 정신이 번쩍 들었습니다.
> "이곳은 어디지?"
> 걸리버는 몸을 일으키려고 했지만 뜻대로 되지 않았습니다. 걸리버의 몸이 밧줄에 꽁꽁 묶여 있었기 때문입니다.
> "내가 왜 밧줄에 묶여 있는 거야? 어, 이건 또 뭐지?"
> 걸리버는 눈을 크게 뜨고 자기 몸 위를 바쁘게 걸어 다니는 이상한 물체를 보았습니다. 자세히 살펴보니 그것은 자기 손보다도 작은 사람들이었습니다.
> "내가 소인국에 왔나 보군!"
>
> 「걸리버 여행기」 중에서

(　　　　　　　　)

비법 추론 >> 인물의 성격 파악하기

이야기 속 인물들은 저마다 고유한 성격을 가지고 있어. '착한 농부', '욕심 많은 형'처럼 인물의 성격이 글에 직접 드러나기도 하지만 그렇지 않더라도 인물이 **어떤 말을 하는지, 어떤 행동을 하는지 살펴보면** 파악할 수 있지.

예시 문제 다음 글에 나타난 준우의 성격은 어떠한가요? (   )

"히히, 이 옷은 뭐야?"

성재가 준우의 가방에서 꺼낸 발레복을 손으로 흔들어 대며 물었다. 그러자 아이들이 키득키득 웃기 시작했다.

"발레복이야. 남자 발레복을 처음 보니?"   ┐ 준우의 성격을 알 수 있는 말과 행동 ①
준우는 아무렇지도 않다는 듯이 대답했다. ┘

"아, 발레! 이렇게 춤추는 거잖아?"

성재는 발레복을 자기 몸에 대고 우스꽝스럽게 춤을 추었다. 몇몇 아이들이 성재를 따라 했다.

"준우는 계집애처럼 발레를 배운대요."

성재와 아이들이 준우 곁을 에워싸며 놀려 댔다.

┌ "애들아, 발레는 여자만 추는 춤이 아니야. 세계적으로 유명한 남자 무용수도 많아.
├ 나도 열심히 연습해서 유명한 무용수가 될 거야."
└ 준우는 차분하게 말을 마친 뒤 성재에게 다가가 발레복을 달라고 손을 내밀었다.
└ 준우의 성격을 알 수 있는 말과 행동 ②

① 짓궂다.   ② 게으르다.   ③ 당당하다.

④ 폭력적이다.   ⑤ 호기심이 많다.

연습 문제 1 다음 글에 나타난 당나귀의 성격은 어떠한가요? (　　　)

> 당나귀가 농부에게 이끌려 산을 내려가다가 문득 이런 생각을 했어요.
>
> '절벽으로 내려가면 집에 빨리 갈 수 있을 거야.'
>
> 당나귀는 절벽을 향해 달려가려고 했어요. 하지만 농부가 당나귀를 힘껏 붙잡고 놓아주지 않았어요.
>
> "절벽은 위험해. 조금만 발을 헛디뎌도 떨어져 죽을 수 있다고!"
>
> 농부가 당나귀에게 소리쳤어요. 그래도 당나귀는 농부의 말을 듣지 않고 자꾸 절벽으로 가려고 했어요. 잠시 뒤 농부는 힘이 빠져 자리에 주저앉았어요. 그러자 당나귀는 "야호!" 하고 외치며 절벽으로 달려갔어요. 그러나 발을 헛디뎌 절벽 아래로 굴러떨어지고 말았답니다.
>
> 이솝, 「당나귀와 마부」 중에서

① 친절하고 너그럽다.　　　② 소심하고 겁이 많다.

③ 온순하고 정이 많다.　　　④ 고집이 세고 어리석다.

⑤ 침착하고 생각이 깊다.

연습 문제 2 ㉠~㉢ 중 식물학자의 성격을 알 수 있는 말이나 행동이 <u>아닌</u> 것의 기호를 쓰세요.

> 한 식물학자가 섬에 있는 식물을 채집하기 위해서 배를 탔다. 얼마쯤 지났을 때 ㉠식물학자가 사공에게 물었다.
>
> "사공은 몇 개 나라의 말을 할 수 있습니까?"
>
> "내 나라 말밖에 할 줄 모릅니다."
>
> ㉡"한심하군요. 나는 무려 열 개 나라의 말을 할 줄 안답니다."
>
> 잠시 뒤 식물학자가 또 물었다.
>
> "사공은 책을 얼마나 읽었습니까?"
>
> "몇 권 정도밖에 읽지 못했습니다."
>
> ㉢"정말 한심하군요. 나는 수만 권의 책을 읽어 모르는 게 없는데……."
>
> 「학자와 뱃사공」 중에서

(　　　　　　)

비법 적용·창의 >> 인물의 생각 적용하기

이야기를 읽을 때는 **인물이 다른 상황에서 어떤 생각이나 행동을 할지 예상**해 보는 것 도 필요해. 그러려면 먼저 **인물의 성격을 파악**해야 해. 그리고 그 상황에서 **인물이 어떤 말과 행동을 할지 생각**해 봐. 글을 읽는 네가 **그 인물이 되어 생각해 보는 방법**도 있지.

예시 문제 다음 글에 나오는 홍 참봉이 ○보기○와 같은 상황에 처한다면 어떻게 행동할지 알맞은 것에 ○표 하세요.

옛날 어느 마을에 *청렴하고 *강직한 홍 참봉이 살았다. 하루는 홍 참봉의 집에 도둑이
_{홍 참봉의 성격}
들었는데 도둑이 집 안을 샅샅이 뒤졌지만 가져갈 게 없었다. 홍 참봉을 불쌍하다고 여 긴 도둑은 솥 안에 엽전 다섯 냥을 넣어 두고 몰래 집을 나왔다.

이튿날 홍 참봉의 아내가 솥 안에 든 엽전을 발견하고 홍 참봉에게 가져갔다. 그리고 기쁜 표정으로 말했다.

"이 돈으로 보리를 사면 주린 배를 채울 수 있겠어요."

"그 돈은 우리 것이 아니니 주인을 찾아 주어야 하오. 도로 갖다 놓으시오!"
_{솥 안에 든 돈에 대한 홍 참봉의 생각}
홍 참봉은 이렇게 말하더니 종이에 돈을 찾아가라는 글을 써서 대문에 붙였다.

「홍 참봉과 도둑」 중에서

* 청렴하고: 마음이 깨끗하고 욕심이 없고.   * 강직한: 마음이 꼿꼿하고 곧은.

○ 보기 ○ 어느 날, 사또가 자기 대신 왕에게 올릴 글을 써 주지 않으면 벌을 내리겠다고 홍 참봉을 위협했다.

(1) 사또에게 글을 써 주는 대신 돈을 달라고 말할 것이다. ( )
(2) 사또 대신 글을 써 줄 수 없다고 딱 잘라 거절할 것이다. ( )
(3) 사또에게 글을 써 줄 테니 목숨만 살려 달라고 빌 것이다. ( )

연습 문제 **1** 다음 글에 나오는 노인이 플라스틱을 무분별하게 사용하는 사람들을 보았을 때 했을 생각으로 알맞은 것에 ◯표 하세요.

> 노인이 마당에 과일나무를 심고 있자 한 남자가 물었다.
> "영감님, 그 나무에는 언제 열매가 열릴까요?"
> "아마 30년은 더 걸릴 테니 내가 열매를 먹기는 힘들 것이오."
> 노인의 대답에 남자는 궁금한 표정으로 다시 물었다.
> "영감님께서는 드시지도 못할 과일나무를 왜 심으십니까?"
> "내가 어렸을 때 마당에 과일나무가 많았소. 나는 그 열매를 따 먹으며 자랐다오. 내가 태어나기 훨씬 전에 할아버지와 아버지께서 나무를 심으신 덕분이었소. 지금 나는 그분들이 했던 일을 하는 것이라오."
>
> 탈무드, 「나무 심는 노인」 중에서

⑴ 물건을 다양한 용도로 사용하다니 훌륭하군!   (   )

⑵ 생활을 편리하게 해 주는 물건을 더 많이 만들어야 해.   (   )

⑶ 미래에 살아갈 사람들을 배려하지 않다니 정말 안타깝군!   (   )

연습 문제 **2** 다음 글의 소희처럼 생각하는 친구의 이름을 쓰세요.

> "지각하겠다! 이게 다 아빠 때문이야. 아빠도 늦잠을 자면 어떡해!"
> 소희가 학교로 달려가며 소리쳤어요. 조금 늦게 교실에 들어온 소희는 가방을 열어 보고 깜짝 놀랐어요. 필통을 가져오지 않은 거예요.
> '아이참, 오빠는 왜 내가 가방 챙길 때 말을 걸어서 필통을 빠뜨리게 한 거야!'
> 소희는 짝에게 연필을 빌려 달라고 부탁하려다가 그만두었어요. 어제 전학 와서 어색한 짝에게 그런 부탁을 하기가 싫었거든요.
> '하필 전학 온 아이가 내 짝이 되어서……. 선생님 때문에 연필도 못 빌리겠네.'

> 정민: 팔을 다친 언니 대신 내가 방 청소를 해야지.
> 보윤: 내 실력이 부족해서 이번 글짓기 대회에서 상을 받지 못했어.
> 윤아: 엄마가 예쁜 옷을 안 사 주셔서 내가 친구들에게 인기가 없는 거야.

(   )

토토야, 사랑해!

"엄마, 토토는?"

헐레벌떡 집에 뛰어 들어온 정아는 토토부터 찾았어요. 토토는 하얀색 몰티즈종으로 올해 열여섯 살 된 반려견이에요. 개치고는 나이가 많은 편으로, 정아보다도 다섯 살이나 많지요.

나이가 들면서 토토는 몸이 점점 더 약해졌어요. 특히 작년부터 자주 아팠지요. 신장에 문제가 생겨 수술을 하기도 했고, 눈이 잘 안 보여 치료를 받기도 했어요. 최근에는 다리의 힘까지 부쩍 없어졌답니다. 어제도 병원에 다녀왔는데 의사 선생님으로부터 이제 살 날이 많지 않으니 마음의 준비를 하라는 말을 들었어요.

㉠정아는 학교가 끝나자마자 달음박질을 쳐서 집에 왔어요. 혹시라도 그사이에 토토가 자기 곁을 떠났을까 봐 걱정되었기 때문이에요. 토토가 무사한 것을 확인한 정아는 그제야 한시름 ㉡놓았답니다.

"토토야, 너에게 줄 것이 있어."

정아는 가방에서 작은 비닐봉지를 꺼냈어요. 비닐봉지 안에는 나뭇가지와 여러 가지 모양의 나뭇잎, 작은 돌멩이들이 들어 있었지요. 모두 정아가 운동장 한편에 있는 나무 밑에서 토토를 생각하며 주워 온 것들이에요. 이제는 몸이 아파서 산책도 하지 못하고 우두커니 엎드려만 있는 토토에게 바깥 냄새를 맡게 해 주고 싶었거든요.

그런 정아의 마음을 아는지 토토가 조심스레 몸을 일으키더니 킁킁대며 비닐봉지 냄새를 맡기 시작했어요. 그러고는 살랑살랑 꼬리를 흔들어 댔지요. 마치 정아에게 고맙다고 인사하는 것 같았어요. 그러자 정아도 이렇게 말해 주었어요.

"토토야, 나도 사랑해!"

＊편: 대체로 어떤 부류에 속함을 나타내는 말.
＊신장: 혈액 속 노폐물을 걸러 내어 오줌을 만드는 일을 하는 기관.
＊곁을 떠나다: 가까이 지내던 사람이 죽다.
＊한시름: 큰 걱정.

1

내용 이해

이 글의 인물, 사건, 배경을 바르게 정리하지 <u>못한</u> 것에 ×표 하세요.

(1) 공간적 배경은 동물 병원이다.   (   )

(2) 등장인물 중 주인공은 정아이다.   (   )

(3) 정아가 토토를 위해 나뭇가지와 나뭇잎, 돌멩이들을 주워 토토에게 가져다 준 것
    이 중심 사건이다.   (   )

2

짜임

㉠의 원인은 무엇인가요? (   )

① 달리기 연습을 하려고

② 토토를 병원에 데려가려고

③ 토토가 죽었을까 봐 걱정이 되어서

④ 나뭇가지와 나뭇잎을 주우러 가려고

⑤ 친구랑 누가 빨리 집에 가나 내기를 해서

3

어휘·표현

㉡과 바꾸어 쓸 수 있는 낱말은 무엇인가요? (   )

① 풀었답니다   ② 덜었답니다

③ 만났답니다   ④ 쌓였답니다

⑤ 닦았답니다

4

추론

정아의 성격은 어떠한가요? (   )

① 짓궂고 변덕스럽다.   ② 정이 많고 세심하다.

③ 내성적이고 소심하다.   ④ 명랑하고 사교적이다.

⑤ 욕심이 많고 인색하다.

☆ 토토를 대하는 정아의 행동과 가장 잘 어울리는 말을 찾아봐.

5 주제

이 글의 주제는 무엇인가요? (   )

① 환경 보호

② 인간의 이기심

③ 자연의 아름다움

④ 동물을 사랑하는 마음

⑤ 이웃과 더불어 사는 삶

6 감상

이 글을 읽고 자신의 생각이나 느낌을 알맞게 말한 친구의 이름을 쓰세요.

성빈: 동물과도 가족처럼 정을 나누며 지낼 수 있네!

채원: 운동장에 떨어져 있는 것들을 함부로 주우면 안 돼.

한슬: 반려견과 외출을 할 때에는 반드시 목줄을 채워야 해.

(   )

7 적용·창의

정아가 길고양이를 보았을 때 했을 생각으로 알맞지 <u>않은</u> 것에 ×표 하세요.

(1) 길고양이의 수가 너무 많아.   (   )

(2) 길고양이에게 먹이를 갖다 주고 싶어.   (   )

(3) 집도 없이 떠돌아다니는 길고양이가 불쌍하고 안타까워.   (   )

☆ 동물을 사랑하는 정아가 길고양이를 본다면 어떤 마음이 들지 생각해 봐.

📝 내용 정리

⭐ 빈칸에 알맞은 말을 넣어 오늘 읽은 글의 내용을 정리해 보세요.

> 정아는 나이가 들어 살 날이 얼마 남지 않은 토토에게 ❶(   ) 냄새를 맡게 해
> 주려고 ❷(   )에서 나뭇가지와 나뭇잎, 돌멩이들을 주워 비닐봉지에 담아
> 왔다. 비닐봉지 냄새를 맡은 토토가 정아에게 ❸(   )을/를 흔들자 정아도 토토
> 에게 사랑한다고 말해 주었다.

🔍 어휘 정리

1 다음 문장에 알맞은 낱말을 ( ) 안에서 골라 ○표 하세요.

(1) 아빠께서는 성격이 좀 급한 (판, 편)이시다.

(2) 밤새 앓던 동생이 웃자 (밑거름, 한시름)이 놓였다.

(3) 어머니는 멀리 여행을 떠난 아들이 (무사하기를, 무시하기를) 바랐다.

┌ 둘 이상의 낱말이 어울려 원래의 뜻과는 전혀 다른 새로운 뜻으로 굳어져서 쓰이는 표현을 말해.

2 밑줄 친 (관용어)의 뜻으로 알맞은 것에 ○표 하세요.

> 정아는 자신이 없는 사이에 토토가 곁을 <u>떠났을까 봐</u> 걱정이 되었어요.

(1)   죽었을까 봐   (2)   달아났을까 봐

        (   )   (   )

어린 원님

어느 고을에 어린 원님이 *부임해 왔어요. 아홉 살에 장원 급제한 똑똑한 원님이었지요. 하지만 고을 사람들과 이방은 원님을 못마땅하게 생각했어요. 원님의 나이가 어리다는 것이 이유였지요.

어느 날 이방은 원님을 *골탕 먹이기 위한 ㉠꾀를 내고, 평소 가깝게 지내는 스님을 불렀어요. 스님은 이방이 시키는 대로 *굴갓을 감춘 뒤 원님을 찾아갔어요.

"제 굴갓이 회오리바람에 날아갔습니다. 원님께서 굴갓 좀 찾아 주십시오."

원님은 속으로 생각했어요.

'이방과 미리 짜고 나를 곤란하게 만들려는 속셈이군. 스님의 *코를 납작하게 만들어 줘야지.'

원님은 태연한 표정으로 사공 두 명을 데려오라고 명령했어요. 사공들이 관가에 도착하자 원님이 물었어요.

"사공들은 배가 남쪽이나 북쪽으로 가야 한다면 어떻게 하시오?"

"배가 남쪽으로 가야 할 때는 남쪽으로 바람이 불게 해 달라고 빌고, 배가 북쪽으로 가야 할 때는 북쪽으로 바람이 불게 해 달라고 빌죠."

한 사공이 대답하자 다른 사공이 고개를 끄덕였어요. 원님은 판결을 내렸어요.

"회오리바람이 분 것은 사공들 때문이오. 사공들이 자꾸 이쪽저쪽으로 바람이 불기를 비니 바람이 어떻게 해야 할지 몰라 회오리바람이 분 것이오. 그러니 사공들이 스님의 굴갓을 새로 만들어 오되, 굴갓이 바람에 날아가지 않도록 돌로 만들어 오시오."

사공들은 당황스러웠지만 원님의 명령을 따를 수밖에 없었어요.

얼마 뒤 사공들이 돌로 만든 굴갓을 들고 오자 스님이 난처한 표정으로 말했어요.

"원님, 저는 잘못이 없습니다. 사실은 모두 이방이 시켜서 한 짓입니다."

이렇게 해서 모든 사실이 밝혀졌어요.

＊부임해: 어떤 지위나 임무를 받아 근무할 곳으로 가.
＊골탕 먹이다: 한꺼번에 크게 손해를 입히거나 낭패를 당하게 만들다.
＊굴갓: 모자 위를 둥글게 대로 만든 갓. 벼슬을 가진 중이 씀.
＊코를 납작하게 만들다: 기를 죽이다.

1

내용 이해

㉠의 내용은 무엇인지 빈칸에 알맞은 말을 쓰세요.

스님에게 (1) (   )을/를 감추게 한 뒤 원님에게 (2) (   )
에 날아간 굴갓을 찾아 달라고 말하게 하는 것

2

내용 이해

이 글에서 일어난 사건이 <u>아닌</u> 것을 두 가지 고르세요. (   )

① 원님이 스님에게 거짓말하지 말라고 호통을 쳤다.

② 스님이 원님을 찾아가 굴갓을 찾아 달라고 말했다.

③ 이방이 원님을 골탕 먹일 꾀를 내고 스님을 불렀다.

④ 사공이 원님을 배에 태우고 노 젓는 방법을 알려 주었다.

⑤ 원님이 사공들에게 스님의 굴갓을 돌로 만들어 오라고 명령했다.

3

추론

원님의 성격은 어떠한가요? (   )

① 거만하다.   ② 순진하다.   ③ 지혜롭다.

④ 부지런하다.   ⑤ 욕심이 많다.

☆ 이방의 꾀에 원님이 어떻게 대처했는지 원님의 말과 행동을 잘 살펴봐.

4

짜임

이 글의 내용을 요약하는 방법으로 알맞은 것에 ○표 하세요.

(1) 중요한 사건부터 차례대로 요약한다.   (   )

(2) 장소의 변화에 따라 일어난 일을 차례대로 요약한다.   (   )

(3) 시간의 흐름에 따라 일어난 일을 차례대로 요약한다.   (   )

5 주제

이 글의 주제로 알맞은 것은 무엇인가요? (　　　)

① 이웃에게 관심을 가지자.
② 어리다고 무시하지 말자.
③ 다른 사람을 의심하지 말자.
④ 다른 사람의 물건을 욕심내지 말자.
⑤ 물건을 잃어버리지 않도록 잘 간수하자.

6 감상

이 글을 읽고 비슷한 경험을 떠올린 친구에게 ○표 하세요.

(1) 빛나: 나도 원님처럼 잘난 체하다가 창피를 당한 적이 있어. 　　　(　　　)

(2) 가을: 나도 스님처럼 아버지께 꾸중을 들을까 봐 잘못을 모두 형의 탓으로 돌린 적이 있어. 　　　(　　　)

(3) 준형: 나도 이방처럼 친구가 거짓말하는 것을 보고 그러면 안 된다고 충고해 준 적이 있어. 　　　(　　　)

7 적용·창의

이 글에 나오는 원님은 다음 상황에서 어떻게 판결했을지 알맞은 것에 ○표 하세요.

> 박 서방: 원님, 제가 삼 년 전에 최 서방에게 삶은 달걀 한 개를 얻어먹은 적이 있어서 오늘 달걀 한 개 값을 갚았더니 닭 세 마리를 내놓으라고 합니다. 세상에 이런 일이 또 있습니까?
>
> 최 서방: 저는 지난 삼 년 동안 달걀 한 개로 얻을 수 있는 이익을 셈하여 달라고 한 것뿐입니다. 달걀에서 나온 병아리가 자라 닭이 되면 달걀을 낳을 것이고 또 그 달걀에서 병아리가 나오고……. 이렇게 셈을 하면 닭 세 마리 값은 받아야 합니다.

(1) "최 서방의 말이 무조건 옳다. 박 서방은 최 서방에게 닭 세 마리를 주어라." 　　　(　　　)

(2) "그런 시시한 일로 재판을 해 달라고 하니 기분이 몹시 나쁘구나. 박 서방과 최 서방을 당장 감옥에 가두어라." 　　　(　　　)

(3) "삶은 콩을 밭에 심어도 콩이 나지 않듯이 삶은 달걀에서도 병아리가 나오지는 않는다. 그러니 박 서방은 달걀 한 개 값만 갚거라." 　　　(　　　)

☆ 원님이 어떤 인물인지, 사건을 어떻게 해결했는지 떠올려 봐.

📝 내용 정리

★ 빈칸에 알맞은 말을 쓰거나 ○표를 하여 오늘 읽은 글의 내용을 정리해 보세요.

> 어느 고을에 원님이 부임해 왔는데 고을 사람들과 이방은 원님의 나이가 ❶(많다는, 어리다는) 이유로 원님을 못마땅하게 생각했다. 어느 날 ❷(   )은/는 스님을 시켜 원님을 골탕 먹이려고 했다. 하지만 원님은 스님의 굴갓이 회오리바람에 날아간 것은 사공들 때문이라며 사공들에게 ❸(   )(으)로 만든 굴갓을 만들어 오게 하여 모든 사실을 밝혀냈다.

🔍 어휘 정리

1 빈칸에 알맞은 낱말을 ◦보기◦에서 찾아 쓰세요.

> ◦ 보기 ◦   곤란   부임   태연

(1) 새로 (   )하신 교장 선생님께서는 무척 인자하시다.

(2) 엄마가 아끼시는 꽃병을 깨고도 형은 (   )하기만 했다.

(3) 친구가 대답하기 (   )한 질문을 해서 무척 당황스러웠다.

2 다음 문장에 알맞은 관용어를 (   ) 안에서 골라 ○표 하세요.

(1) 오늘도 동생은 내 신발 한 짝을 숨겨 나를 (골탕 먹였다, 눈칫밥을 먹였다).

(2) 잘난 체하는 민수의 (손을 맞잡아, 코를 납작하게 만들어) 주기 위해서라도 축구 연습을 게을리할 수 없다.

늦은 저녁, 지호는 책상에 앉았다.

'서현이랑 주연이 나빠! 나만 두고 자기들끼리만 먼저 가고……. 정말 치사해!'

서현이와 주연이는 같은 아파트 단지에 사는 지호의 단짝 친구들이다. 셋은 늘 하교를 같이한다. 그런데 오늘은 수업이 끝나자마자 서현이와 주연이가 먼저 가 버린 것이다. 지호가 가방을 다 챙겼을 때는 둘 다 가 버린 뒤였다. 어찌나 섭섭하던지 지호는 눈물이 찔끔 나왔다. 시간이 지날수록 서운하다 못해 화까지 났다.

아까 있었던 일을 곱씹으며* 지호는 한 글자 한 글자 일기장에 썼다.

> 서현이랑 주연이는 친구도 아니다. 세상에서 가장 나쁜 애들이다. 다신 놀지 말아야겠다.

그때 외출했던 엄마가 들어오셨다. 엄마가 지호를 보시더니 이렇게 말씀하셨다.

"오늘 서현이 동생 생일이라며? 서현이 엄마가 점심 때 장을 잔뜩 봐서 가더라."

"아, 맞다!"

그제서야 지호는 어제 서현이가 했던 말이 생각났다.

"내일은 동생 생일이라 먼저 집에 가야 해. 엄마가 빨리 오라고 신신당부하셨어."

지호는 머리를 긁적였다.

"쳇! 서현이는 그렇다 치고 주연이는 뭐야? 말도 없이……. 진짜 너무해!"

지호는 일기를 고쳐 쓰려고 가방에서 필통을 꺼냈다. 그런데 쪽지 하나가 딸려* 나왔다. 오늘 쉬는 시간에 주연이가 준 쪽지였다. 주연이는 평소에도 쪽지 쓰는 걸 좋아한다. 그런데 '메롱!'처럼 장난스러운 내용이 써 있는 경우가 많다. 그래서 지호는 주연이의 쪽지를 보지도 않고 가방에 넣어 두었다. 지호는 혹시나 하는 마음에 쪽지를 펴 보았다.

> 엄마가 치과 예약해 놨다고 끝나자마자 바로 집으로 오래. 오늘 나 먼저 갈게.

주연이의 쪽지를 본 지호는 일기장에 썼던 내용을 모두 지웠다. 하지만 친구들에게 미안한 마음은 지워지지 않았다.

---

*곱씹으며: 말이나 생각 따위를 곰곰이 되풀이하며.

*딸려: 어떤 것에 매이거나 붙어 있어.

1
내용 이해

지호에 대한 설명으로 알맞은 것을 두 가지 고르세요. (   )

① 비밀이 많다.   ② 혼자 있는 것을 좋아한다.
③ 쪽지 쓰는 것을 좋아한다.   ④ 서현, 주연이와 친하게 지낸다.
⑤ 서현, 주연이와 같은 아파트 단지에 산다.

2
어휘·표현

이 글에 쓰인 낱말과 뜻이 반대인 낱말이 바르게 짝 지어진 것은 무엇인가요?

(   )

① 평소 – 평상시   ② 지우다 – 삭제하다
③ 섭섭하다 – 아쉽다   ④ 꺼내다 – 집어넣다
⑤ 치사하다 – 쩨쩨하다

3
추론

지호의 성격은 어떠한가요? (   )

① 수줍음이 많다.   ② 성격이 급하다.
③ 이해심이 많다.   ④ 결단력이 있다.
⑤ 화를 잘 안 낸다.

4
짜임

다음을 일이 일어난 차례대로 기호를 쓰세요.

㉮ 주연이가 지호에게 쪽지를 주었다.
㉯ 지호는 서현이와 주연이가 먼저 집에 가서 서운했다.
㉰ 서현이가 지호에게 내일 동생 생일이라 먼저 집에 가야 한다고 말했다.
㉱ 주연이가 준 쪽지를 읽은 지호는 자신이 주연이를 오해했음을 깨달았다.
㉲ 엄마께 오늘이 서현이 동생 생일이라는 말을 듣고 지호는 서현이가 했던 말이
떠올랐다.

(   ) → (   ) → (   ) → (   ) → (   )

☆ 어제 있었던 일부터 오늘 저녁 때까지 있었던 일을 차례대로 정리해 봐.

5 이 글의 주제는 무엇인가요? (   )

주제

① 일기를 쓰자.   ② 정직하게 살자.

③ 약속을 잘 지키자.   ④ 친구의 소중함을 알자.

⑤ 섣부르게 판단하지 말자.

☆ 지호의 행동을 보고 어떤 점을 깨달을 수 있는지 생각해 봐.

6 이 글을 읽고 자신의 생각이나 느낌을 알맞게 말하지 <u>못한</u> 친구의 이름을 쓰세요.

감상

하루 정도 집에 먼저 갔다고 지호가 서현이와 주연이를 세상에서 가장 나쁜 애들이라고 생각한 것은 잘못이야.

태환

주연이가 지호에게 쪽지 대신 직접 말로 자신의 상황을 전했다면 지호가 주연이를 오해하지 않았을 수도 있어.

유현

지호가 서현이와 주연이를 섭섭하게 여기는 것은 당연해. 꼭 집에 같이 가야만 좋은 친구는 아니기 때문이야.

민재

(   )

7 지호가 다시 일기를 썼다면 어떤 내용으로 썼을지 알맞은 것에 ○표 하세요.

적용·창의

(1) 내일은 내가 먼저 집에 가야겠다.

(   )

(2) 아무 말 없이 먼저 집에 간 친구들을 용서해야겠다.

(   )

(3) 침착하게 생각해 보지도 않고 화를 낸 것을 반성했다.

(   )

📝 내용 정리

★ 빈칸에 알맞은 말을 쓰거나 ○표를 하여 오늘 읽은 글의 내용을 정리해 보세요.

> 지호는 수업이 끝나고 서현이와 주연이가 먼저 집에 가서 ❶(괴로웠던, 섭섭했던) 일을 떠올리며 일기를 썼다. 그런데 오늘이 서현이 동생 생일이라는 엄마의 말씀을 듣고 지호는 어제 서현이가 먼저 가야 한다고 말한 사실이 떠올랐다. 또 주연이가 준 ❷(   )을/를 읽고 주연이에 대해서도 자신이 ❸(오해, 이해)를 했음을 알게 되었다.

🔍 어휘 정리

1 다음 문장에 알맞은 낱말을 (   ) 안에서 골라 ○표 하세요.

(1) 일요일에 있을 생일잔치를 위해 식당을 (예언해, 예약해) 두었다.

(2) 어제 정희가 한 말을 (곱씹어, 곱상하게) 생각해 봐도 이해가 되지 않는다.

(3) 엄마는 나와 동생에게 놀러 가서 절대 싸우지 말라고 (선서하셨다, 신신당부하셨다).

2 빈칸에 공통으로 들어갈 알맞은 낱말을 쓰세요.

> • ___를 굴리다 → 머리를 써서 해결 방안을 생각해 내다.
> • ___를 맞대다 → 어떤 일을 의논하거나 결정하기 위하여 서로 마주 대하다.

(   )

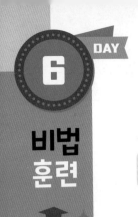

바닷물에 진주가 빠져도

☆ 이 글은 톨스토이의 작품을 희곡 형태로 각색한 것입니다.

| • 때: 옛날 | • 곳: 어느 바닷가 | • 나오는 인물: ㉠ |

제1막

㉡막이 오르면 한 어부가 바가지로 바닷물을 퍼내 땅에 쏟고 있고, 바닷가 바위틈에는 물의 요정들이 숨어 있다.

나그네: ㉢(어부에게 다가가며) ㉣왜 바닷물을 퍼내고 있소?

어부: (나그네를 돌아보며) 귀한 진주를 바다에 빠뜨려서 그걸 찾으려고 그러오.

나그네: (어처구니없다는 듯이) ㉤에이, 말도 안 되는 소리요!

어부: 왜 말도 안 된다고 생각하오? 내가 바닷물을 다 못 퍼내면 내 자식이 퍼내면 되고, 내 자식이 다 못 퍼내면 내 손주가 퍼내면 되지 않겠소? 해 보지도 않고 안 된다고 포기할 수는 없소.

물의 요정 1: (흥분한 목소리로) 이러다가 정말 저 어부가 바닷물을 다 퍼내면 어떡하지? 우리 집이 없어지기 전에 막아야 해!

물의 요정 2: (태연한 표정으로) 조금 하다가 그만두겠지. 걱정 마.

제2막

따가운 햇볕이 내리쬐는 바닷가에서 어부가 쉴 새 없이 바닷물을 퍼내고 있다.

물의 요정 1: (바다에서 나오며) 조금 하다가 그만둘 줄 알았는데 벌써 나흘째 바닷물을 퍼내고 있네요. 힘들어 보이는데 앞으로도 계속할 건가요?

어부: 그럼요. 아무리 힘들어도 끝까지 할 것입니다.

물의 요정 2: (바다에서 나와 어부에게 진주를 주며) 당신이 바다에 빠뜨린 진주예요. 진주를 찾으려고 노력하는 당신 모습에 감동받아서 우리가 도와주는 거예요.

어부: (기쁜 표정으로 연거푸 인사를 한다.) 고맙습니다! 고맙습니다!

---

*말도 안 되다: 실현 가능성이 없거나 이치에 맞지 않다.

*연거푸: 잇따라 여러 번 되풀이하여.

1

내용 이해

㉠에 들어갈 인물로 알맞지 <u>않은</u> 것은 누구인가요? (　　　　)

① 어부
② 나그네
③ 물의 요정 1
④ 물의 요정 2
⑤ 어부의 아들

☆ 제1막과 제2막에 누가 나오는지 살펴봐.

2

짜임

㉡~㉣ 중 다음 설명에 해당하는 것의 기호를 쓰세요.

(1) 무대 위의 상황을 설명한다.　　　　　　　　　　(　　　　　　　　)

(2) 등장인물이 하는 말을 나타낸다.　　　　　　　　(　　　　　　　　)

(3) 등장인물의 표정이나 행동을 지시하고 설명한다.　(　　　　　　　　)

3

내용 이해

어부가 바닷물을 퍼내고 있었던 까닭은 무엇인가요? (　　　　)

① 물의 요정이 부탁을 해서
② 나그네의 눈에 띄기 위해서
③ 물의 요정을 만나기 위해서
④ 바다에 빠뜨린 진주를 찾기 위해서
⑤ 바닷물이 얼마나 되는지 알아보기 위해서

4

감상

㉤과 같은 나그네의 말에 대해 자신의 생각을 알맞게 말한 친구의 이름을 쓰세요.

> 다경: 나도 나그네처럼 다른 사람에게 희망을 주는 사람이 되고 싶어.
>
> 영서: 내가 나그네여도 바닷물을 퍼내는 어부를 이해하지 못했을 거야.
>
> 도훈: 내가 나그네라면 어부에게 진주를 돌려주고 용서를 구했을 거야.

(　　　　　　　　　　)

5 추론

어부의 성격은 어떠한가요? (   )

① 겸손하다.　　　　　　　　② 겁이 많다.

③ 의지가 강하다.　　　　　　④ 거짓말을 잘한다.

⑤ 남의 말을 쉽게 믿는다.

6 주제

이 글을 통해 깨달을 수 있는 점은 무엇인가요? (   )

① 무엇보다 생명이 가장 소중하다.

② 아무리 급해도 예의를 지켜야 한다.

③ 준비를 철저히 해야 실패하지 않는다.

④ 힘들고 어려운 일이라도 쉽게 포기해서는 안 된다.

⑤ 자기 생각 없이 남이 하는 대로 따라 하면 안 된다.

7 적용·창의

이 글의 어부와 같은 생각으로 행동한 위인을 떠올린 친구에게 ○표 하세요.

(1) **지헌:** 장사를 해서 엄청난 부자가 된 김만덕은 안락한 삶을 누리며 살 수 있었어. 하지만 흉년으로 굶어 죽어 가는 제주 백성을 보고 자신의 재물을 아낌없이 내놓 았어.　　　　　　　　　　　　　　　　　　　　　　　　　　　　　　(   )

(2) **우빈:** 임진왜란 때 이순신 장군이 가진 배의 수는 적군보다 열 배나 적었어. 질 것 이 뻔한 싸움이었지만 이순신 장군은 이길 수 있다고 굳게 믿으며 죽을힘을 다해 끝까지 싸워 결국 승리했어.　　　　　　　　　　　　　　　　　　　　　(   )

(3) **명수:** 간디는 인도의 독립운동을 이끌면서 폭력을 사용하지 않았어. 인도 사람들 이 값비싼 영국 소금만 사 먹어야 하는 법을 폐지해야 한다고 주장할 때에도 사람 들과 함께 행진하며 평화적으로 저항했어.　　　　　　　　　　　　　　(   )

☆ 어부가 바닷물을 퍼낼 때와 같은 마음가짐으로 행동한 위인은 누구인지 생각해 봐.

내용 정리

★ 빈칸에 알맞은 말을 쓰거나 ○표를 하여 오늘 읽은 글의 내용을 정리해 보세요.

옛날 어느 **①**(   )에서 한 어부가 바다에 빠뜨린 **②**(   )을/를 찾기 위해 바가지로 바닷물을 퍼내고 있었다. 나그네가 어처구니없어 하자 어부는 자기가 바닷물을 다 못 퍼내면 **③**(물의 요정들, 자식과 손주)이/가 퍼내면 된다고 말했다. 어부가 바닷물을 퍼낸 지 나흘째 되는 날, 어부의 노력에 감동받은 물의 요정들이 진주를 찾아 어부에게 주었다.

어휘 정리

1 다음 문장에 알맞은 낱말을 (   ) 안에서 골라 ○표 하세요.

(1) 목이 몹시 말라서 물을 (연거푸, 이따금) 두 컵이나 마셨다.

(2) 우리 팀이 홈런을 치자 (안심한, 흥분한) 관중이 함성을 질렀다.

(3) 큰 실수를 하고도 반성하지 않다니 정말 (아낌없었다, 어처구니없었다).

2 빈칸에 들어갈 관용어로 알맞은 것에 ○표 하세요.

"우리 반 꼴찌가 갑자기 일등을 하다니   ."

(1) 눈이 낮아

(   )

(2) 말도 안 돼

(   )

(3) 한 줌도 못 돼

(   )

낱말 미로

앞에서 배운 낱말을 떠올려 보고, 퀴즈를 풀며 미로를 탈출해 보세요.

슬프거나 힘든 일이 있을 때 심하게 한숨을 쉬는 일을 무엇이라고 할까?

탄식

"옛날 선비들은 ○○하고 정직해 가난한 생활을 했어."에서 빈칸에 들어갈 낱말은?

청렴

청취

탄성

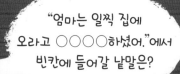
"엄마는 일찍 집에 오라고 ○○○○하셨어."에서 빈칸에 들어갈 낱말은?

신신당부

'말이나 생각 따위를 곰곰이 되풀이하다.'라는 뜻을 가진 낱말은 무엇일까?

곱씹다

곱상하다

정답 및 해설 16쪽에서 확인하세요.

시는 글쓴이의 생각이나 느낌을 리듬감 있게 표현한 글이에요. 시를 읽을 때에는 시의 짜임, 비유적 표현, 감각적 표현 등을 알아보고, 시어에 담긴 의미를 짐작해서 시의 주제도 파악해야 해요.

비법 어휘·표현 >> 감각적 표현 파악하기

보고 👁 👂 듣고

만지고 ✋ 🧠 👃 냄새 맡고

👅 맛보고

시를 쓸 때 어떤 대상을 눈으로 보고, 귀로 듣고, 코로 냄새 맡고, 입으로 맛보고, 손으로 만지듯이 생생하게 표현한 것을 '감각적 표현'이라고 해.

시에서 그런 부분에 밑줄을 긋고, 감각적 표현 중에서 어떤 것에 해당하는지 생각해 봐!

예시 문제 ㉠~㉣ 중 감각적 표현이 쓰인 것을 모두 골라 기호를 쓰세요.

아기가 꽃밭에서

넘어졌습니다.

㉠정강이에 정강이에

새빨간 피.

㉡아기는 으아 울었습니다.

한참 울다 자세히 보니

㉢그건 그건 피가 아니고

㉣새빨간 새빨간 꽃잎이었습니다.

글쓴이는 피의 색, 아기의 울음소리, 꽃잎의 색을 감각적으로 표현했어.

윤석중, 「꽃밭」

(   )

연습 문제 1 ㉠~㉣에 대해 알맞게 말한 것을 두 가지 골라 ○표 하세요.

> ㉠물새알은
> 간간하고 짭조름한
> 미역 냄새
> 바람 냄새.
>
> ㉡산새알은
> 달콤하고 향긋한
> 풀꽃 냄새
> 이슬 냄새.
>
> 물새알은
> 물새알이라서
> ㉢날갯죽지 하얀
> 물새가 된다.
>
> 산새알은
> 산새알이라서
> ㉣머리꼭지에 빨간 댕기를 드린
> 산새가 된다.
>
> 박목월, 「물새알 산새알」 중에서

⑴ ㉠은 물새알을 손으로 만지는 것처럼 표현한 부분이다.   (   )

⑵ ㉡은 산새알의 냄새를 코로 맡는 것처럼 표현한 부분이다.   (   )

⑶ ㉢은 물새의 모습을 눈으로 보는 것처럼 표현한 부분이다.   (   )

⑷ ㉣은 산새의 울음소리가 귀에 들리는 것처럼 표현한 부분이다.   (   )

연습 문제 2 다음 중 ㉠과 같은 감각적 표현이 쓰인 것은 무엇인가요? (   )

> 누가 내 머릿속에 난로를 넣었나.
> ㉠머리가 뜨끈뜨끈.
>
> 누가 내 목구멍에 밤송이를 넣었나.
> 목이 따끔따끔.
>
> 비 맞으며 놀지 말걸.
> 그랬다면…….
>
> 가슴속에서 맴도는
> 때늦은 후회.

① 시큼한 땀 냄새   ② 서늘한 가을바람

③ 새까만 두 눈동자   ④ 달콤한 아이스크림

⑤ 쨍그랑 깨지는 거울

┌ 넣을 것 없어 → 1행
1연 │ 걱정이던 → 2행
└ 호주머니는 → 3행

2연 ┌ 겨울만 되면 → 1행
└ 주먹 두 개 갑북갑북 → 2행

보통 시의 짜임을 설명할 때 ○연 ○행으로 되어 있다고 하지.

시는 랩 가사처럼 <u>말이나 비슷한 글자 수가 반복</u>되기도 한다지?

<u>서로 대화하거나 묻고 답하는 식</u>의 짜임을 가진 시도 있다지?

예시 문제 다음 시의 짜임에 대해 알맞지 <u>않은</u> 것에 ×표 하세요.

<u>토옥</u>
2자 ─1행 ┐
<u>튀겨</u> <u>보고</u> <u>싶은,</u> ─2행 │ 1연
4자 2자 ┘

주욱

그어 보고 싶은,

와아

외쳐 보고 싶은,

> 반복되는 말이나 글자 수는 행마다 연마다 꼼꼼히 살펴봐야 알 수 있어.

푸웅덩

뛰어들고 싶은,

그러나

머언, 먼 가을 하늘. 　　　　　　　　　윤이현, 「가을 하늘」

(1) 5연 10행으로 이루어져 있다. 　　　　　　　　　　　　　　　　　　(　)

(2) "가을 하늘"이 반복되어 쓰였다. 　　　　　　　　　　　　　　　　　(　)

(3) 1~4연의 각 행은 글자 수가 비슷하게 반복된다. 　　　　　　　　　(　)

다음 시의 짜임에 대해 바르게 말한 친구의 이름을 쓰세요.

> 손가락에 침 발라
> 쏘옥, 쏙, 쏙
> 장에 가는 엄마 내다보려
> 문풍지를
> 쏘옥, 쏙, 쏙
>
> 아침에 햇빛이 반짝,
>
> 손가락에 침 발라
> 쏘옥, 쏙, 쏙
> 장에 가신 엄마 돌아오나
> 문풍지를
> 쏘옥, 쏙, 쏙
>
> 저녁에 바람이 솔솔.
>
> 윤동주, 「햇빛·바람」

> 용재: 행을 나누지 않고 자유롭게 썼어.
> 다빈: 아이와 엄마가 서로 말을 주고받는 형식이야.
> 선아: 1연과 3연, 2연과 4연은 각 행마다 글자 수가 일정하게 반복돼.

(   )

다음 시의 짜임으로 알맞지 <u>않은</u> 것은 무엇인가요? (   )

> 호박꽃을 따서는 무얼 만드나?
> 무얼 만드나?
> 우리 애기 조그만 초롱 만들지,
> 초롱 만들지.
>
> 반딧불이를 잡아선 무엇에 쓰나?
> 무엇에 쓰나?
> 우리 애기 초롱에 촛불 켜 주지,
> 촛불 켜 주지.
>
> 강소천, 「호박꽃 초롱」

① 각 연은 4행씩 이루어져 있다.

② 연과 행을 구분하지 않고 이어서 썼다.

③ 각 연은 묻고 대답하는 형식으로 되어 있다.

④ 1연과 2연의 각 행은 글자 수가 비슷하게 반복된다.

⑤ '무얼 만드나?', '우리 애기', '초롱 만들지', '무엇에 쓰나?', '촛불 켜 주지'가 반복 해서 쓰였다.

비법 추론 >> 문장의 의미 추론하기

글쓴이는 하고 싶은 말을 시에 그대로 표현하지 않고 숨겨서 표현하기도 해. 그래서 숨겨진 뜻을 잘 파악해야 시를 제대로 읽었다고 할 수 있어.

문장 그대로를 해석하기보다 시의 전체 내용과 뜻이 궁금한 부분의 앞뒤 상황을 고려해서 글쓴이가 진짜 말하고 싶었던 게 무엇인지 캐내야 해.

시의 장면을 떠올리면서 '이런 뜻이겠거니.' 하고 짐작해도 좋아.

예시 문제 다음 시에서 ㉠이 뜻하는 것은 무엇일까요? (   )

> 나무들이
>
> 뚝딱뚝딱 망치질을 한다.
>
> 초록빛 바람 쉬어 가라고
>
> 두 다리 토당거리며
>
> 노래를 부르고
>
> 재재갈 재재갈
>
> 맘껏 떠들다 가라고
>
> 의자를 만든다.
>
> 순한 빗방울도 앉았다 가고
>
> 목빛 고운 새들도
>
> 머물다 가라고
>
> ㉠나무들이
>
> 작은 의자를 만든다.
>
> 참 많이도 만든다.
>
> 손광세, 「나무들이」

> 바람, 빗방울, 새들이 머물다 가는 작은 의자가 무엇을 뜻하는 것인지 짐작해 봐.

① 나뭇잎이 떨어진다.
② 나뭇잎에 단풍이 든다.
③ 나무를 베어 의자를 만든다.
④ 나무에 새 가지와 잎이 돋아난다.
⑤ 나무의 뿌리가 땅속으로 뻗어 간다.

연습 문제 **1** ㉠은 어떤 모습을 뜻하는지 바르게 말한 친구에게 ○표 하세요.

뜰 가득
맑은 마음 담아 놓고
㉠달님이
담벽에다 그림을 그린다.

잠이 든 나무도 그려 넣고,
꿈꾸는 꽃들도 그려 넣고.

길 가던 바람이 구경하면
그림 속 나무들이 깨어난다.
그림 속 꽃들이 춤을 춘다.

크레파스 없어 색칠 못 하던
달님이 활짝 웃는다.

이화주, 「달밤」

(1) 아이가 담벼락에 달을 그리는 모습을 뜻해.

( )

(2) 아이가 담벼락을 노랗게 칠하는 모습을 뜻해.

( )

(3) 달빛을 받아 담벼락에 나무와 꽃의 그림자가 생긴 모습을 뜻해.

( )

연습 문제 **2** 다음 시에서 나무에 잎이 나고 단풍이 든 것을 표현한 연은 몇 연인지 쓰세요.

나무는 발만 덮고도
매서운 겨울을 이긴다.

여름에 조각 천을 짜서
가을에 곱게 물들인 뒤

조각조각 떨어뜨려
시린 발을 덮는다.

나무는 발가벗고도
발만 덮으면 봄꿈을 꾼다.

석용원, 「나무는 발만 덮고도」

(   )

시를 읽으면 어떤 생각이나 느낌이 떠오르게 돼. 시 속 인물의 마음이나 시의 분위기가 느껴지기도 하고, 어떤 장면이 떠오르기도 하지. 시의 내용과 비슷한 자신의 경험과 연결을 짓거나 시의 주제 등을 생각하다 보면 시가 주는 즐거움과 감동을 느낄 수 있어.

시에 대한 생각이나 느낌은 시의 내용이나 표현과 관련이 있어야 하는 것도 잊지 마!

예시 문제 다음 시에 대한 생각이나 느낌을 알맞게 말하지 못한 친구의 이름을 쓰세요.

폴짝폴짝 뛰면서

줄넘기하자.

하늘까지 닿도록

뜀뛰어 보자.

참새들도 놀다 가는 놀이터에는

고운 꿈이 날마다
아이들이 놀이터에서 뛰어놀면서 꿈을 키워 감.
쑥쑥 자란다.

날마다 왁자지껄

들리는 소리

깔깔대며 뛰노는

놀이터에는

낮에는 아이들이 꿈을 키우고 ┐ 낮 동안의 놀이터 모습

밤에는 별들이 ┐
쉬어서 간다. ┘ 밤 동안의 놀이터 모습

노원호, 「놀이터」

소미: 낮에 놀이터의 떠들썩하고 활기찬 분위기가 느껴져.
태호: 꾸중을 들을까 봐 걱정하는 아이들의 마음이 느껴져.
도영: 놀이터에서 신나게 뛰어노는 아이들의 모습이 떠올라.

(   )

다음 시를 읽고 생각이나 느낌을 알맞게 말하지 <u>못한</u> 것에 ×표 하세요.

누군가를
보듬고 있다는 것은 행복한 일이다.

나무의 뿌리를 감싸고 있는 흙이 그
렇고
작은 풀잎을 위해 바람막이가 되어
준 나무가 그렇고
텃밭의 상추를 둘러싸고 있는 울타
리가 그렇다.

남을 위해
내 마음을 조금 내어 준 나도
참으로 행복하다.

어머니는 늘
이런 행복이 제일이라고 하셨다.

노원호, 「행복한 일」

⑴ 남보다 나를 우선시했던 모습이 떠올라서 부끄러웠어.   (   )

⑵ 자식에 대한 어머니의 희생과 사랑이 크다는 것을 새삼 깨달았어.   (   )

⑶ 앞으로는 이 시의 흙, 나무, 울타리처럼 다른 사람을 위하며 살 거야.   (   )

다음 시의 말하는 이와 비슷한 경험을 떠올리며 느낌을 말한 친구에게 ○표 하세요.

나무들은 제 나이를
잊어버리지 않기 위해서
한 살씩 나이를 먹을 때마다
동그라미를 그려 둔대요.

나는 동그라미를 그리는 대신
일기장 하나씩을 남겨 놓지요.

그 일기장엔
날마다 지낸 그대로의 이야기가
죄다 적혀 있어요.
커서 읽어 보면 부끄러울 이야기
뉘우칠 이야기들이
얼마든지 있을 거예요.

강소천, 「나무와 나」

⑴ **정선**: 오빠가 내 일기장을 몰래 봐서 무척 화가 났었어.   (   )

⑵ **누리**: 국어 시간에 나무에 대해 글을 쓰면서 나무의 소중함을 깨달았어. (   )

⑶ **다영**: 나도 실수할 때마다 공책에 써서 남겨 두는데, 커서 읽어 보면 재미있을 것
같아.   (   )

서울로 간 철이

이동식

멀리 서울로 전학을 갔다.
꽃밭에
잔디밭에
같이 물 주던 철이가

㉠마음속에 얼굴만
사진처럼 찍어 놓고
교실 구석구석
목소리만 남겨 놓고

㉡보지 말자
보지 말자
다짐만 했지
몰래 돌아다본 철이 자리

보이는구나
보이는구나
환하게 웃는 얼굴
가지런히 빛나는 하얀 이가

국화꽃 향기는 교실에
가득한데

수없이 떠오르는
철이
철이의 얼굴.

1

짜임

이 시의 짜임으로 알맞은 것을 두 가지 고르세요. (   )

① 6연 21행으로 이루어져 있다.

② 3연과 4연은 묻고 대답하는 형식이다.

③ 반복되는 말이 나와 리듬감이 느껴진다.

④ 공간의 변화에 따라 시의 내용이 전개된다.

⑤ 1~4연의 4행은 글자 수가 일정하게 반복된다.

2

추론

㉠이 뜻하는 것으로 알맞은 것에 ○표 하세요.

(1) 철이의 얼굴을 잊지 못한다.   (   )

(2) 철이와 함께 사진을 찍고 싶다.   (   )

(3) 철이의 얼굴이 기억나지 않는다.   (   )

☆ 철이에 대한 말하는 이의 마음이 어떠한지 생각해 봐.

3

추론

㉡처럼 말하는 이가 철이 자리를 보지 말자고 다짐한 까닭은 무엇인가요? (   )

① 철이가 무척 부러워서

② 철이에게 미안한 일이 떠올라서

③ 철이가 말하는 이를 노려보고 있어서

④ 철이 자리에 다른 아이가 앉아 있어서

⑤ 철이 자리를 보면 철이가 더 보고 싶어질 것 같아서

4

어휘·표현

이 시에서 다음 설명에 해당하는 부분을 찾아 쓰세요.

> 철이의 이름 눈으로 보는 것처럼 표현했다.

(   )

5 내용 이해

이 시의 계절이 가을이라는 것을 알 수 있는 낱말은 무엇인가요? (　　　)

① 꽃밭 　　　　　　② 사진

③ 교실 　　　　　　④ 국화꽃

⑤ 잔디밭

6 감상

이 시를 읽고 생각이나 느낌을 알맞게 말한 친구의 이름을 쓰세요.

짝이 내 물건을 망가뜨려서 다툰 적이 있어.

민재

자꾸 들리는 철이의 목소리를 메아리에 빗대어 표현한 점이 새로워.

채원

철이가 말하는 이에게 전화나 편지를 한다면 말하는 이가 무척 기뻐할 거야.

유라

(　　　　　　　　　)

7 주제

이 시에서 말하는 이가 말하고 싶은 것은 무엇인가요? (　　　)

① 친구와 화해하고 싶다.

② 친구를 많이 사귀고 싶다.

③ 전학 간 친구가 보고 싶다.

④ 친구와 자리를 바꾸고 싶다.

⑤ 새 친구와 즐거운 추억을 쌓고 싶다.

☆ 시 속에서 말하는 이에게 일어난 일을 살펴보고, 말하는 이의 마음을 짐작해 봐.

📖 내용 정리

⭐ 빈칸에 알맞은 말을 쓰거나 ◯표를 하여 오늘 읽은 글의 내용을 정리해 보세요.

> 말하는 이와 함께 꽃밭과 잔디밭에 물을 주던 철이가 서울로 ❶(   )을/를 가고
> 없지만 말하는 이는 철이를 잊지 못한다. 말하는 이가 철이 ❷(사진, 자리)을/를 보니
> 철이의 얼굴이 떠오른다. 친구에 대한 ❸(그리움, 아쉬움)이 잘 표현되어 있는 시이다.

🔍 어휘 정리

1 빈칸에 알맞은 낱말을 ◎보기◎에서 찾아 쓰세요.

> ◎ 보기 ◎   다짐   자리   구석구석

(1) 방을 (   ) 쓸고 닦았다.

(2) 저녁마다 일기를 쓰기로 (   )을/를 했다.

(3) 버스에서 몸이 아픈 아이에게 (   )을/를 양보했다.

2 빈칸에 들어갈 알맞은 낱말에 ◯표 하세요.

(1)
> 책꽂이에 책이 ▒▒▒▒▒ 꽂혀 있어서 보기가 좋다.

(골똘히, 우연히, 가지런히)

(2)
> 한여름에는 바닷가에 ▒▒▒▒▒ 많은 사람이 몰려든다.

(수없이, 힘없이, 관계없이)

┌─────────────────────┐
│   ㉠   │
└─────────────────────┘

박경용

귤
한 개가
방을 가득 채운다.

짜릿하고 ㉡*향깃한
냄새로
물들이고

㉢*양지짝의 *화안한
빛으로
물들이고

㉣*사르르 *군침 도는
맛으로
물들이고,

㉤귤
한 개가
방보다 크다.

＊향깃한: '향긋한'을 시에서 표현한 말.
＊양지짝: 볕이 잘 드는 쪽을 뜻하는 '양지쪽'을 시에서 표현한 말.
＊화안한: '환한'을 시에서 표현한 말.
＊군침 돌다: 식욕이 나다.

1

주제

㉠에 들어갈 이 시의 제목으로 알맞은 것은 무엇인가요? (　　　)

① 귤나무　　　　　　　　　② 내 마음

③ 귤 한 개　　　　　　　　④ 겨울 풍경

⑤ 농부의 땀방울

☆ 시의 중심 글감을 생각해 봐.

2

짜임

이 시에서 비슷한 짜임으로 이루어진 연은 몇 연과 몇 연인지 쓰세요.

(　　)연, (　　)연

(　　)연, (　　)연, (　　)연

3

어휘·표현

㉡~㉣ 중 다음 문장에 쓰인 감각적 표현과 같은 것의 기호를 쓰세요.

어른들은 쓰디쓴 커피를 왜 마실까?

(　　　　　　　)

4

추론

㉤의 뜻으로 알맞은 것은 무엇인가요? (　　　)

① 방보다 큰 귤을 처음 본다.

② 귤을 좋아하는 사람들이 많다.

③ 귤을 보관하기에 방이 너무 좁다.

④ 방에 귤이 가득 쌓여 있으면 좋겠다.

⑤ 귤의 냄새, 빛깔, 맛이 방을 가득 채우고도 남을 만큼 강하다.

5 이 시의 내용으로 알맞은 것은 무엇인가요? (　　　)

내용 이해

① 귤을 먹고 싶지 않다.

② 방에 귤 한 개가 놓여 있다.

③ 귤껍질에 푸른빛이 남아 있다.

④ 말하는 이의 옷에 귤 물이 노랗게 들었다.

⑤ 귤은 크기가 큰 것부터 작은 것까지 제각각이다.

6 이 시의 주제와 관련해 생각이나 느낌을 알맞게 말한 것에 ○표 하세요.

감상

(1) 꿈을 크게 가져야겠다고 생각했어. (　　　)

(2) 작은 것이 주는 기쁨과 행복을 깨달았어. (　　　)

(3) 친구를 미워하는 마음을 갖지 말자고 생각했어. (　　　)

7 다음은 이 시를 바꾸어 쓴 것입니다. 빈칸에 공통으로 들어갈 대상은 무엇인지 쓰세요.

적용·창의

▨▨▨▨▨
한 마리가
방을 가득 채운다.

눈처럼 새하얀
빛으로
물들이고

보드랍고 따뜻한
촉감으로
물들이고

야옹야옹 귀여운
울음소리로
물들이고

▨▨▨▨▨
한 마리가
방보다 크다.

(　　　　　　　)

☆ 귤 대신 무엇을 떠올려 시를 바꾸어 썼는지 대상의 특징이 나타나 있는 부분을 잘 읽어 봐.

📑 내용 정리

★ 빈칸에 알맞은 말을 넣어 오늘 읽은 글의 내용을 정리해 보세요.

> 귤 한 개가 짜릿하고 향긋한 **❶**(   )과/와 환한 빛, 군침 도는 **❷**(   )(으)로 방을 물들이고 있다. 그래서 말하는 이는 귤 한 개가 **❸**(   )보다 크다는 생각을 하였다. 작은 귤이 주는 의미를 감각적으로 잘 표현한 시이다.

🔍 어휘 정리

1 다음 문장에 알맞은 낱말을 (   ) 안에서 골라 ○표 하세요.

⑴ 흰 옷감을 노랗게 (곁들였다, 물들였다).

⑵ 산 정상에 오르니 (짜릿한, 향긋한) 기분이 들었다.

⑶ 햇볕이 잘 드는 (양지쪽, 음지쪽)에 있는 나무에는 벌써 꽃이 피었다.

2 빈칸에 들어갈 관용어로 알맞은 것은 무엇인가요? (   )

> 입맛이 돌아온 나는 갈비를 보고 　　　　　　 참을 수가 없었다.

① 속이 타서   ② 군침이 돌아

③ 깨가 쏟아져서   ④ 귀가 번쩍 뜨여

⑤ 간이 콩알만 해져서

앞에서 배운 낱말을 떠올려 보고, 퀴즈를 풀며 미로를 탈출해 보세요.

길게 땋은 머리 끝에 장식으로 다는 헝겊이나 끈을 무엇이라고 할까?

상투

댕기

"바깥에서 ○○○○ 떠드는 소리에 잠에서 깼다."에서 빈칸에 들어갈 낱말은?

왁자지껄

조심조심

짭조름하다

달콤하다

"친구에게 거짓말한 것을 ○○했어."에서 빈칸에 들어갈 낱말은?

질투

후회

조금 짠 맛이 있다는 뜻을 가진 낱말은 무엇일까?

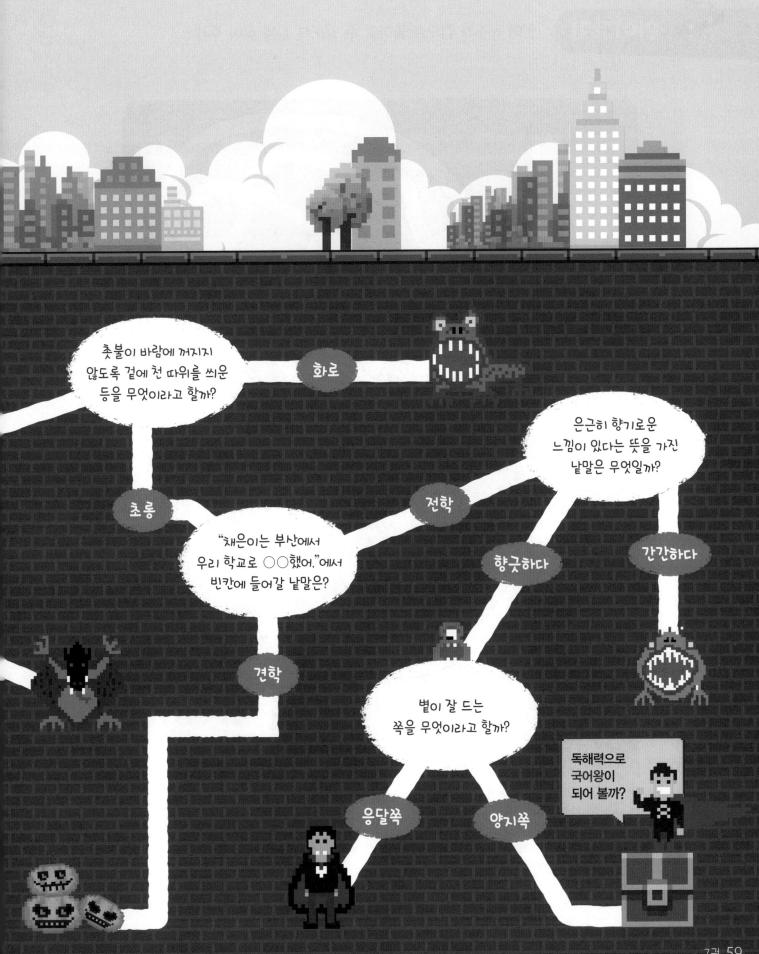

정답 및 해설 16쪽에서 확인하세요.

정보가 담긴 글

정보가 담긴 글에는 설명하는 글, 기행문, 전기문, 기사문 등이 있어요. 정보가 담긴 글은 글에 담긴 정보를 파악하고, 글의 짜임, 설명 방법 등도 함께 파악하며 읽어야 해요. 또 어울리는 자료를 짐작하거나 글의 신뢰성을 판단하며 읽는 것도 좋아요.

비법 주제 >> 글의 중심 생각 파악하기

중심(中 가운데 중 心 마음 심)은 '제일 중요한 거'야. 그렇다면 글의 중심 생각이란 뭘까? 글쓴이가 말하고 싶은 거겠지! 보통 친절한 글이면 제목만 봐도 알 수 있어.

제목이 없다고? 그럴 땐 <u>각 문단에서 중요하게 말하는 내용</u>이 무엇인지 잘 살펴봐. <u>문단의 중심 내용을 바탕으로 글의 목적과 관련 있는 내용을 짧게 요약해 보면</u> 거기에 중심 생각이 담겨 있지.

예시 문제 다음 글의 중심 생각으로 알맞은 것에 ○표 하세요.

진달래와 철쭉은 어떻게 구별할까
글의 제목(설명하려는 것)

진달래와 철쭉은 꽃의 모양과 색깔이 비슷해 헷갈려 하는 사람들이 많다. 진달래와 철쭉의 다른 점을 알아 두면 두 꽃을 쉽게 구별할 수 있다.

첫째, <u>진달래와 철쭉은 꽃이 피는 시기가 다르다.</u> 보통 진달래는 4월에 꽃이 피지만,
중심 문장 ①
철쭉은 5월에 꽃이 핀다. 그러다 보니 진달래는 잎보다 꽃이 먼저 피고, 철쭉은 잎이 난 후에 꽃이 피거나 잎이 날 때 꽃이 함께 핀다.

둘째, <u>꽃잎 안쪽에 반점이 있는지가 다르다.</u> 진달래는 꽃잎 안쪽에 반점이 없거나 반
중심 문장 ②
점이 있더라도 매우 희미하다. 하지만 철쭉은 꽃잎 안쪽에 주근깨 같은 반점이 매우 선명하게 있다.

셋째, <u>꽃잎의 끈적임이 다르다.</u> 진달래는 꽃잎
중심 문장 ③
이 끈적이지 않지만, 철쭉은 꽃잎이 끈적인다.

▲ 진달래　　　▲ 철쭉

(1) 봄에 피는 꽃의 종류는 다양하다. 　　　　　　　　　　　　　　(　)

(2) 진달래와 철쭉은 비슷해서 헷갈릴 수 있다. 　　　　　　　　　(　)

(3) 진달래와 철쭉은 꽃이 피는 시기, 꽃잎 안쪽의 반점, 꽃잎의 끈적임에 따라 구별할 수 있다. 　　　　　　　　　　　　　　　　　　　　　　　　　　　　(　)

연습 문제 1　다음 글에서 글쓴이가 나타내려고 하는 중심 생각은 무엇인가요? (　　　)

> 유럽과 아시아 사이에는 흑해가 있어요. 흑해는 '검은 바다'라는 뜻인데, 바닷물이 정말로 검을까요?
>
> 흑해는 우크라이나, 러시아, 터키, 루마니아 등 여러 나라에 둘러싸여 있어서 물의 순환이 잘 이루어지지 않아요. 그러다 보니 바닷물에 산소가 부족하고 바다 밑바닥에 황화 수소라는 독성 물질과 오염 물질이 많아 바닷물이 검게 보여요.

▲ 흑해

① 흑해는 '검은 바다'라는 뜻이다.

② 흑해는 여러 나라에 둘러싸여 있다.

③ 흑해는 물의 순환이 잘 이루어지지 않는다.

④ 흑해는 유럽과 아시아 사이에 있는 바다이다.

⑤ 흑해는 산소가 부족하고 바다 밑바닥에 황화 수소와 오염 물질이 많아 바닷물이 검게 보인다.

연습 문제 2　㉠~㉣ 중 글의 중심 생각이 나타난 문장의 기호를 쓰세요.

> ㉠이 세상에는 다양한 악기가 있다. 그런데 ㉡같은 종류의 악기라도 재료, 크기, 연주 방법 등에 따라 소리가 달라진다. 예를 들어 ㉢입으로 불어서 관 안의 공기를 진동시켜 소리를 내는 관악기 중 나무로 만든 목관 악기는 따뜻하고 묵직한 소리를 내지만, 금속으로 만든 금관 악기는 차갑고 강렬한 소리를 낸다. 또 현을 켜거나 타서 소리를 내는 서양 현악기 중 가장 작은 바이올린은 맑고 부드러우며 예리한 소리를 내지만, 가장 큰 콘트라베이스는 무거운 소리를 낸다. ㉣피아노도 건반을 누르는 속도와 힘에 따라 다른 소리를 낸다.

(　　　　　)

우리말은 참 과학적인데 어려워! 어떤 낱말을 써야 할지 헷갈릴 때는 **앞뒤에 어떤 내용이 나오는지 살펴보고, 뜻에 어울리는 낱말을 선택!** 모르는 낱말은 国어사전을 찾아 보자.

예시 문제 ㉠과 ㉡을 모두 바르게 고쳐 쓴 것은 무엇인가요? (   )

'*말짱 도루묵'이라는 말을 들어 보거나 사용해 본 적이 있나요? 열심히 하던 일이 아무 소용이 없게 되었을 때 '말짱 도루묵'이라는 말을 쓰는데, '도루묵'에는 다음과 같은 이야기가 전해져요.

임진왜란 때였어요. 왜군이 한양으로 쳐들어오자 선조는 피란을 떠났어요. 하루는 한 어부가 '묵'이라는 물고기를 잡아 선조에게 ㉠받쳤어요. 배가 몹시 고팠던 선조는 물고기를 맛있게 먹고, 맛에 비해 물고기의 이름이 너무 보잘것없다고 하며 '은어'라는 이름을 붙여 주었어요. 전쟁이 끝난 뒤 궁궐로 돌아온 선조는 신하에게 은어를 구해 오라고 ㉡식혔어요. 은어가 다시 먹고 싶었거든요. 그런데 예전과 달리 맛이 없어서 "도로 묵이라고 해라." 하고 말했대요. 그 뒤로 '도로묵'의 발음이 변해 '도루묵'이 되었어요.

* 말짱: 속속들이 모두.

'바치다', '시키다'와 같이 기본형을 떠올리면 쉽게 고칠 수 있을 거야.

	㉠	㉡		㉠	㉡
①	바쳤어요	시켰어요	②	바쳤어요	씻겼어요
③	밭쳤어요	시켰어요	④	밭쳤어요	씻겼어요
⑤	받혔어요	씻겼어요			

연습 문제 **1** ㉠과 ㉡에 들어갈 알맞은 낱말에 각각 ○표 하세요.

오른쪽 사진처럼 길거리 벽면에 스프레이 페인트를 뿌려서 그리는 문자나 그림을 '그라피티'라고 해요.

▲ 그라피티

그라피티는 수만 년 전 동굴의 벽에 새겨진 그림이나 이집트 유적에 낙서처럼 그려진 그림 등에서 시작되었다고 할 수 있어요.

그라피티는 1960년대 말, 미국 뉴욕의 한 거리에 낙서가 널리 ㉠ 본격화되었어요. 이 당시에는 주로 흑인, 반항적인 청소년, 소수 민족이 길거리, 경기장, 지하철 등 벽면이 있는 곳이라면 장소를 ㉡ 않고 그림을 그려 큰 골칫거리였어요. 하지만 그림에 인종 차별이나 가난과 같은 사회 문제에 대한 생각을 담으면서 그라피티는 거리의 예술로 자리 잡게 되었어요. 최근에는 그라피티 전시회가 열리면서 현대 미술의 한 부분으로 인정받고 있어요.

＊본격화되었어요: 모습을 제대로 갖추고 적극적으로 이루어지게 되었어요.
＊소수 민족: 여러 민족으로 이루어진 나라에서, 주가 되는 민족보다 인구수가 적고 언어와 관습 등이 다른 민족.

(1) ㉠: (퍼지면서, 펴지면서)　　　　(2) ㉡: (가르지, 가리지)

연습 문제 **2** 빈칸에 들어갈 알맞은 낱말에 ○표 하세요.

어린이는 보통 하루에 8~10회 정도 오줌을 누어요. 만약 오줌을 ⬚ 누거나 물을 많이 마시지 않았는데 오줌을 많이 누면 몸에 이상이 생긴 거예요. 그리고 약이나 특별한 식품을 먹지 않았는데도 오줌이 맑지 않고 뿌옇거나 붉은색 또는 검붉은색을 띠면 병원에 가서 검사를 받아야 해요. 오줌에서 심한 악취가 나도 병에 걸린 것일 수 있어요. 이처럼 오줌의 양, 색깔, 냄새만으로도 몸이 건강한지 알 수 있답니다.

(작게, 적게, 좁게)

비법 짜임 >> 설명하는 글의 짜임 파악하기

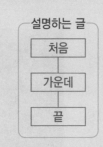

설명하는 글

처음
↓
가운데
↓
끝

설명하는 글은 '처음 – 가운데 – 끝' 이렇게 크게 세 덩어리로 나뉘지. 처음 부분에는 '이런 설명을 할 거야.' 하고 설명 대상에 대해 소개를 해. 이때 설명하는 까닭을 넣기도 하지. 가운데 부분에서는 설명하는 대상에 대해 자세하게 알려 줘. 끝 부분에서는 설명 내용을 요약·정리하면서 마무리하지!

예시 문제 **1**~**4**문단을 설명하는 글의 짜임에 맞게 나눈 것의 기호를 쓰세요.

1 포유류는 새끼를 낳고, 파충류는 알을 낳는다는 사실을 알고 있지요? 그런데 이런 상식을 깨는 동물들이 있어요.
설명 대상

2 오리의 부리와 같이 주둥이가 긴 오리너구리는 포유류이지만 알을 낳아요. 또 어미
설명하는 내용 ①
오리너구리의 몸에는 젖꼭지가 없어요. 그래서 알을 깨고 나온 새끼는 어미 오리너구리 배의 피부에서 나오는 젖을 핥아 먹으며 자라요.

3 뱀의 한 종류인 살모사는 파충류이지만 새끼를 낳아요. 새끼가 어미 살모사의 배 속
설명하는 내용 ②
에서 알을 깨고 나온 뒤에야 세상 밖으로 나오지요.

4 이처럼 오리너구리와 살모사는 우리가 알고 있는 것과 다르게 알을 낳거나 새끼를
앞에서 설명한 내용을 요약·정리함.
낳아요. 오리너구리와 살모사 외에 우리의 상식을 깨는 동물이나 식물에는 무엇이 있는지 더 알아보세요.

	처음	가운데	끝
㉮	**1**	**2**	**3**, **4**
㉯	**1**	**2**, **3**	**4**
㉰	**1**, **2**	**3**	**4**

(   )

연습 문제 **1**　다음은 설명하는 글의 어느 부분에 해당하는지 ○표 하세요.

　　첫째, 소금은 맛을 조절해 준다. 수박을 소금에 찍어 먹으면 더 달고, 신맛이 강한 귤을 소금물에 담갔다가 먹으면 덜 시게 느껴진다. 그리고 커피에 소금을 넣으면 커피의 쓴맛이 줄어든다. 이렇게 소금은 단맛을 더 강하게 하고 신맛을 부드럽게 하며 쓴맛을 억제한다.

　　둘째, 소금은 생선 살을 단단하게 해 준다. 소금은 생선 살을 이루는 단백질을 빨리 굳히는 성질이 있다. 그래서 생선에 소금을 뿌린 뒤 구우면 생선 살이 부스러지지 않는다.

(1)　처음　(　　)　　(2)　가운데　(　　)　　(3)　끝　(　　)

연습 문제 **2**　다음은 설명하는 글의 처음 부분입니다. 글의 짜임을 생각할 때 빈칸에 들어갈 내용으로 가장 알맞은 것에 ○표 하세요.

　　오른쪽 그림을 본 적이 있나요? 꽃병에 꽂힌 해바라기를 그린 그림으로, 꽃과 꽃병, 벽지가 모두 노란색이에요. 이 그림은 고흐의 「해바라기」 중 한 작품이에요. 고흐는 강렬한 색과 힘찬 붓놀림으로 독특한 그림을 그린 화가로, 오른쪽 작품에도 이러한 특징이 잘 나타나 있어요. 고흐는 해바라기를 많이 그렸어요. 그래서 '해바라기 화가'라고 불리기도 해요.

▲ 고흐의 「해바라기」

(1) 고흐는 고갱의 방을 장식해 주려고 해바라기를 그리기도 했어요.　　(　　)

(2) 고흐는 왜 해바라기를 많이 그렸을까요? 그 까닭을 알아보도록 해요.　　(　　)

(3) 이렇듯 고흐는 해바라기를 많이 그린 화가로, 그의 그림은 강렬한 색과 힘찬 붓놀림이 특징이에요.　　(　　)

비법 추론 >> 뒷받침 문장 짐작하기

설명하는 글의 각 문단에는 중심 문장과 뒷받침 문장이 있어. 중심 문장은 문단의 내용을 대표하는 문장이고, 뒷받침 문장은 중심 문장을 자세히 설명해 주는 문장이야.

문단의 내용에 어울리는 뒷받침 문장을 찾으려면 <u>중심 문장의 내용을 자세히 설명하거나 중심 문장에 대한 예를 들거나 중심 문장을 뒷받침하는 까닭을 설명하는 문장을 고르면 돼.</u>

예시 문제

②문단에 더 넣을 뒷받침 문장에 대해 바르게 말한 친구의 이름을 쓰세요.

❶ 경상남도 합천군에 있는 해인사에는 *팔만대장경을 보관하는 곳인 장경판전이 있다. 장경판전은 1995년에 세계 문화유산으로 지정되었는데, 그 까닭은 600년이 넘도록 팔만대장경을 완벽하게 보존하고 있기 때문이다. 이와 같은 일이 어떻게 가능한지 장경판전의 비밀을 알아보자.

❷ 장경판전의 첫 번째 비밀은 창에 있다. 『장경판전은 네 채의 건물로 되어 있는데, 그
　　　　　　　중심 문장
중 수다라장과 법보전에 팔만대장경이 보존되어 있다. 마당을 사이에 두고 서로 마주 보고 있는 이 두 건물은 앞과 뒤에 있는 위아래 창의 크기가 다르다. 이와 같은 창의 구조 때문에 바람이 잘 통하고, 들어오는 공기와 나가는 공기의 양을 조절하여 적절한 습도를 유지할 수 있기 때문에 팔만대장경을 온전히 보존할 수 있다.』『 』: 뒷받침 문장

*팔만대장경: 고려 시대의 대장경판. 부처의 힘으로 외적의 침입을 막아 내기 위해 만든 것으로 경판의 수가 팔만 개가 넘음.

연이: 수다라장과 법보전의 이름에 담긴 뜻을 밝히는 문장이 들어가면 좋아.

주민: 두 건물의 창의 크기가 달라서 좋은 점을 설명하는 문장이 들어가야 해.

남희: 수다라장과 법보전의 앞과 뒤에 있는 위아래 창의 크기가 어떻게 다른지 설명하는 문장이 들어가면 좋겠어.

(　　　　　　)

연습 문제 1 다음은 어느 문단의 뒷받침 문장으로 알맞은지 문단의 번호를 쓰세요.

> **1** 첫째, 질문을 하면서 책을 읽는다. 책을 읽을 때 '왜?', '무엇을 말하는 것일까?' 등의 질문을 자신에게 하고 답을 찾다 보면 집중해서 책을 읽을 수 있을 뿐만 아니라 논리적이고 창의적으로 생각하는 힘을 기를 수 있다.
>
> **2** 둘째, 다시 읽는다. 우리는 날마다 새로운 지식과 경험을 접한다. 따라서 한 번 읽은 책을 시간이 지난 뒤에 다시 읽으면 처음 읽었을 때 이해하지 못했던 내용을 이해할 수 있고 새로운 깨달음도 얻게 된다.
>
> **3** 셋째, 독서 노트를 쓴다. 책을 읽은 뒤에 독서 노트에 책을 읽은 날짜, 책 제목, 글쓴이 등을 쓰고 책에서 인상 깊었던 부분을 옮겨 쓰거나 책의 내용을 요약하고 느낀 점을 쓴다.

> 독서 노트를 쓰면 시간이 지나도 책의 내용을 기억하는 데 도움이 되고, 글을 쓸 때 훌륭한 자료가 된다.

(   )

연습 문제 2 빈칸에 들어갈 뒷받침 문장으로 알맞은 것에 ○표 하세요.

> 조선 시대에는 어린이뿐만 아니라 어른도 서당에 다녔다. 그러다가 1895년에 새로운 교육 제도를 들여오면서 어린이만 다니는 학교를 세웠는데, 이 학교를 '소학교'라고 불렀다. 소학교는 1906년에 '보통학교'로 이름이 바뀌었다. 이후 우리나라를 강제로 빼앗은 일본이 1938년에 '보통학교'의 이름을 다시 '소학교'로 바꾸었다가 1941년에 '국민학교'로 바꾸었다. '국민학교'는 1996년에 '초등학교'로 이름이 바뀌었다.   이처럼 '초등학교'라는 이름은 여러 변화를 거쳐 오늘날에 이르렀다.

(1) 현재 우리나라에서는 만 6세가 되면 초등학교에 입학을 한다. (   )

(2) 서당에서는 학년의 구분 없이 모든 학생이 한 방에 모여 공부했다. (   )

(3) 왜냐하면 '국민'은 '황국 신민'의 준말로, 우리 민족의 정신을 없애려는 일본의 나쁜 의도가 담겨 있기 때문이다. (   )

소중한 꿀벌

1 매년 5월 20일은 '세계 벌의 날'이다. '세계 벌의 날'은 세계적으로 꿀벌의 수가 크게 줄어들자 꿀벌을 보호하는 일의 중요성을 알리기 위해 2017년에 유엔(UN)이 제정한 날이다. 세계적으로 유명한 천재 물리학자 아인슈타인은 꿀벌이 세상에서 사라지면 4년 뒤에 인류도 사라질 것이라고 [*]예언했다. 따라서 꿀벌을 보호하기 위해 노력해야 한다. 과연 ㉠꿀벌은 생태계에서 어떤 중요한 역할을 하는지 알아보자.

2 꿀벌의 가장 큰 역할은 꽃가루받이를 해 주는 것이다. 식물이 열매를 맺으려면 꽃가루받이가 ⟨ ㉮ ⟩ 필요하다. ㉡바람, 비, 새 등에 의해서 꽃가루받이가 이루어지기도 하지만 꿀벌 만큼 효과적이지 못하다. 유엔 식량 농업 기구(FAO)에 따르면 꿀벌은 전 세계 식량의 대부분을 차지하는 100 여 종의 농작물 중 70%에 해당하는 농작물의 꽃가루받 이를 담당한다고 한다. 특히 아몬드 나무처럼 꽃가루를

▲ 꿀벌의 꽃가루받이

자신의 암술머리에 스스로 붙이지 못하는 농작물은 꿀벌이 없으면 꽃을 피우고 열 매를 맺을 수 없다. 따라서 꿀벌이 사라지면 농작물의 생산량이 크게 줄어들어 전 세계 사람들이 식량 부족을 겪게 될 것이 [*]불 보듯 뻔하다.

3 ㉢꿀벌은 환경 상태도 알려 준다. 꿀벌은 주변 환경에 매우 [*]민감하다. 그렇기 때문에 꿀벌이 산다는 것은 곧 생태계가 건강하다는 뜻이다. 꿀벌이 잘 살 수 있는 환경은 사람에게도 좋은 환경이다. 만약 꿀벌이 사라져 가는 곳이 있다면 그만큼 그곳의 생태계가 파괴되고 있다고 생각하면 된다.

4 이처럼 꿀벌은 꽃가루받이를 해 주고 환경 상태도 알려 준다. ㉣그 밖에도 꿀 벌은 생태계의 균형을 유지하는 데 도움을 주고 사람들에게 꿀과 밀랍을 제공해 준 다. 이렇게 꿀벌은 생태계에서 중요한 역할을 담당한다.

---

[*]예언했다: 앞으로 다가올 일을 미리 알거나 짐작하여 말했다.

[*]불 보듯 뻔하다: 앞으로 일어날 일이 의심할 여지가 없이 아주 명백하다.

[*]민감하다: 자극에 빠르게 반응을 보이거나 쉽게 영향을 받는 데가 있다.

1

❶~❹문단을 설명하는 글의 짜임에 맞게 나누려고 합니다. 알맞은 문단의 번호를 쓰세요.

처음	가운데	끝
(1)	(2)	(3)

2

어휘·표현

㉮에 들어갈 알맞은 말에 ○표 하세요.

(반드시, 반듯이)

3

추론

❷문단에 더 넣을 뒷받침 문장에 대해 바르게 말한 것의 기호를 쓰세요.

> ㉮ 유엔 식량 농업 기구가 언제 만들어졌는지 알려 주는 문장이 필요하다.
> ㉯ 꽃가루받이의 뜻을 밝히는 문장을 넣으면 글을 이해하는 데 도움이 될 것이다.
> ㉰ 꿀벌이 사라지면 농작물의 생산량이 어떻게 달라지는지 알려 주는 문장이 들어가면 좋다.

(　　　　　　　)

☆ **❷**문단의 중심 문장과 관련해 글을 잘 이해하기 위해 필요한 내용이 무엇인지 생각해 봐.

4

내용 이해

꿀벌과 사람이 사는 환경은 어떤 관계가 있는지 알맞은 것에 ○표 하세요.

(1) 꿀벌이 살면 사람에게도 좋은 환경이다. 　　　　　　　(　　)

(2) 꿀벌이 살지 않아야 사람에게 좋은 환경이다. 　　　　　(　　)

(3) 꿀벌과 사람이 사는 환경은 아무런 관계가 없다. 　　　　(　　)

5 주제 ㉠~㉣ 중 중심 문장에 해당하는 것은 무엇인가요? (   )

① ㉠, ㉡   ② ㉠, ㉢   ③ ㉡, ㉢
④ ㉡, ㉣   ⑤ ㉢, ㉣

6 주제 이 글의 중심 생각은 무엇인가요? (   )

① 농작물의 소중함을 깨닫자.
② 아름다운 환경을 만들기 위해 노력하자.
③ 꿀벌은 생태계에서 중요한 역할을 하고 있다.
④ 꽃가루받이의 여러 가지 방법을 잘 알아 두자.
⑤ 식량이 되는 농작물의 수를 늘려 식량 부족에 대비하자.

7 비판 이 글을 읽고 글쓴이의 생각과 자신의 생각을 바르게 비교하여 말한 친구의 이름을 쓰세요.

수호: 나는 글쓴이의 생각과 다르게 꿀벌의 소중함과 가치를 깨닫고 꿀벌을 보호해야 한다고 생각해.
정민: 나도 글쓴이처럼 꿀벌이 소중하다고 생각해. 따라서 소중한 꿀벌을 보호하기 위한 방법을 찾아야 한다고 생각해.
다정: 글쓴이는 사람이 살기 위해 어쩔 수 없이 꿀벌이 희생해야 한다고 생각하지만, 나는 힘들어도 사람과 꿀벌이 함께 살아갈 방법을 찾아야 한다고 생각해.

(   )

☆ 먼저 글쓴이가 꿀벌에 대해 어떤 생각을 가지고 있는지 파악해 봐.

📖 내용 정리

⭐ 빈칸에 알맞은 말을 쓰거나 ○표를 하여 오늘 읽은 글의 내용을 정리해 보세요.

처음	꿀벌이 생태계에서 어떤 중요한 역할을 하는지 알아보자.
가운데	• 꿀벌은 ❶(　　　　　　　　　　　　)을/를 해 준다. • 꿀벌은 ❷(환경 상태, 농작물의 종류)를 알려 준다.
끝	꿀벌은 ❸(　　　　　　　　　)에서 중요한 역할을 담당한다.

📖 어휘 정리

1 빈칸에 알맞은 낱말을 ◎보기◎에서 찾아 쓰세요.

◎보기◎　　　　　담당　　　　민감　　　　예언

(1) 누나는 소리에 (　　　　)해서 시끄러운 곳을 싫어한다.

(2) 주말에 가족 여행을 갈 것이라고 (　　　　)했던 말이 빗나갔다.

(3) 학급 문고를 (　　　　)하는 희수가 책을 깨끗이 보아 달라고 부탁했다.

2 빈칸에 들어갈 알맞은 관용어에 ○표 하세요.

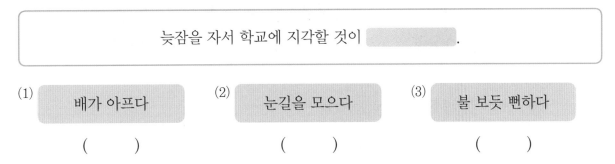

늦잠을 자서 학교에 지각할 것이 ▨▨▨▨▨.

(1)　배가 아프다　　　　(2)　눈길을 모으다　　　　(3)　불 보듯 뻔하다

　　(　)　　　　　　　　　(　)　　　　　　　　(　)

『삼국사기』와 『삼국유사』

1 『삼국사기』와 『삼국유사』에 대해 들어 본 적이 있나요? 『삼국사기』와 『삼국유사』는 현재 우리나라에 남아 있는 가장 오래된 역사책이에요. 책의 이름에서 알 수 있듯이 두 책은 삼국의 역사를 기록했어요. 삼국이 어느 나라이냐고요? 삼국은 주몽이 건국한 고구려, 온조가 건국한 백제, 박혁거세가 건국한 신라를 말해요. 이들 세 나라는 지금으로부터 2000여 년 전부터 신라, 고구려, 백제의 차례로 한반도에 세워진 뒤 서로 한반도의 주인이 되려고 맞섰어요. 이와 같은 삼국의 역사를 기록한 『삼국사기』와 『삼국유사』는 비슷해 보이지만 서로 다른 특징이 있어요.

2 『삼국사기』는 1145년 고려 인종 때 김부식이 왕의 명령을 받아 여러 신하와 함께 펴낸 책으로, 총 50권으로 구성되어 있어요. 『삼국사기』에는 고구려·백제·신라의 왕과 신하, 사회 제도, 주요 사건 등이 자세히 실려 있어요. 김부식은 이 책을 쓸 때 믿을 수 없는 일은 기록하지 않는다는 생각으로 주로 왕과 정치 이야기를 썼어요. 그래서 (　　　　　㉠　　　　　) 김부식이 있었던 일을 사실 그대로 적으려고 노력했기 때문에 『삼국사기』는 역사적 가치가 높아요.

3 『삼국유사』는 1281년 고려 충렬왕 때 승려 일연이 펴낸 책으로, 모두 9편으로 이루어져 있어요. 『삼국사기』보다 136년 뒤에 펴낸 『삼국유사』에는 고구려·백제·신라 외에도 여러 나라의 역사가 실려 있어요. 특히 단군왕검이 고조선을 ㉡새운 이야기가 최초로 실려 있어서 우리 역사가 매우 오래되었다는 사실을 보여 주어요. 이 밖에 『삼국유사』에는 불교 이야기, 옛날부터 전해 내려오는 신화나 전설, 시, 노래 등도 실려 있어요. 우리가 잘 알고 있는 '바보 온달과 평강 공주 이야기', '연오랑과 세오녀 이야기', '에밀레종 이야기' 등이 모두 『삼국유사』에 실려 있지요.

▲『삼국사기』

▲『삼국유사』

* 한반도: 우리나라 국토를 지형적으로 이르는 말.
* 승려: 절에서 살면서 불교의 의식을 치르고 부처의 가르침을 실천하는 사람.
* 고조선: 우리나라 최초의 국가. 지금으로부터 4300여 년 전에 단군왕검이 세움.

1
주제

이 글을 쓴 까닭은 무엇인지 쓰세요.

(   )와 (   )의 특징을 알려 주려고

2
 추론

㉠에 들어갈 뒷받침 문장으로 알맞은 것의 기호를 쓰세요.

㉮ 『삼국사기』에는 옛날부터 전해 내려오는 신화나 전설은 실려 있지 않아요.

㉯ 김부식은 학자조차 우리나라의 역사를 잘 모르고 있는 것을 안타까워했어요.

㉰ 나라에서 공식적으로 만든 『삼국사기』와 달리 『삼국유사』는 개인이 만든 역사책이에요.

(   )

☆ ㉠의 앞 문장을 잘 읽어 보면 ㉠에 들어갈 문장을 짐작할 수 있어.

3
어휘·표현

㉡을 바르게 고쳐 쓰세요.

(   )

4
내용 이해

이 글의 내용으로 알맞지 <u>않은</u> 것은 무엇인가요? (   )

① 삼국은 고구려·백제·신라를 말한다.

② 『삼국유사』는 1281년에 승려 일연이 펴냈다.

③ 『삼국사기』는 1145년에 김부식이 여러 신하와 함께 펴냈다.

④ 『삼국유사』는 총 50권으로 구성되어 있고 역사적 가치가 높다.

⑤ 『삼국사기』에는 고구려·백제·신라의 왕과 신하, 사회 제도, 주요 사건 등이 자세히 기록되어 있다.

다음 내용이 들어가기에 알맞은 곳에 ○표 하세요.

> 이처럼 『삼국사기』와 『삼국유사』는 현재까지 우리나라에 남아 있는 가장 오래된 역사책으로, 고구려·백제·신라의 역사를 기록했고, 고려 시대에 펴냈다는 점이 같아요. 하지만 책을 펴낸 연도와 사람, 책의 내용과 구성은 서로 다르답니다.

(1) **1**문단 앞 (   )   (2) **1**문단과 **2**문단 사이 (   )

(3) **2**문단과 **3**문단 사이 (   )   (4) **3**문단 뒤 (   )

☆ 주어진 글은 설명하는 글의 처음, 가운데, 끝 중 어느 부분의 특징이 잘 나타나 있는지 생각해 봐.

글쓴이가 나타내려는 중심 생각은 무엇인가요? (   )

① 역사책을 읽으면 좋은 점이 많다.

② 우리나라 역사책에 대해 관심을 가져야 한다.

③ 『삼국사기』와 『삼국유사』에 대한 연구가 더 필요하다.

④ 『삼국사기』와 『삼국유사』가 훼손되지 않도록 노력해야 한다.

⑤ 『삼국사기』와 『삼국유사』는 비슷한 점도 있고 다른 점도 있다.

이 글을 읽고 『삼국사기』와 『삼국유사』를 알리는 광고 문구를 바르게 쓴 것을 두 가지 고르세요. (   )

① 김부식과 함께 사라진 『삼국사기』

② 왕의 명령에 따라 펴낸 『삼국유사』

③ 고조선 건국 이야기가 최초로 실린 『삼국유사』

④ 삼국의 역사를 기록한 책, 『삼국사기』와 『삼국유사』

⑤ 『삼국사기』, 『삼국유사』와 함께 조선 시대 여행을 떠나요

☆ 『삼국사기』와 『삼국유사』의 특징을 잘 생각해 봐.

📝 내용 정리

★ 빈칸에 알맞은 말을 쓰거나 ○표를 하여 오늘 읽은 글의 내용을 정리해 보세요.

현재 우리나라에 남아 있는 가장 오래된 ❶(과학책, 역사책)인 『삼국사기』와 『삼국유사』는 비슷해 보이지만 서로 다른 특징이 있다.

『삼국사기』	『삼국유사』
• 1145년에 ❷(　　　　　　　　)이/가 펴낸 책으로, 총 50권으로 되어 있다. • 삼국의 왕과 신하, 사회 제도, 주요 사건은 자세히 실려 있지만, 신화나 전설은 실려 있지 않다. • 역사적 가치가 높다.	• 1281년에 승려 일연이 펴낸 책으로, 9편으로 이루어져 있다. • 삼국 외에도 여러 나라의 역사, 단군왕검이 고조선을 세운 이야기, ❸(불교, 유교) 이야기, 신화나 전설, 시, 노래 등이 실려 있다.

🔍 어휘 정리

1 빈칸에 알맞은 낱말을 ○보기○에서 찾아 쓰세요.

○ 보기 ○　　　　실렸다　　　　건국했다　　　　기록했다

⑴ 그는 백성들을 모아 새 나라를 (　　　　　　　　).

⑵ 나는 학급 회의 내용을 공책에 꼼꼼히 (　　　　　　　　).

⑶ 어제 일어난 지진 소식이 신문에 자세히 (　　　　　　　　).

2 다음 문장에 알맞은 낱말을 (　　) 안에서 골라 ○표 하세요.

⑴ (가치, 눈치) 없는 일에 시간을 낭비하지 마.

⑵ 세계 (최저, 최초)로 공룡의 발자국이 발견되었다.

⑶ 올해 일어난 (주요, 주위) 사건을 열 가지로 간추렸다.

비법
훈련

아름다운 춤, 발레

1 ㉠먼저 발레의 탄생에 대해 알아보자. ㉡발레는 지금으로부터 600여 년 전에 이탈리아에서 시작되었다. '발레'라는 말도 '춤을 추다.'를 뜻하는 이탈리아어 '발라레'에서 유래되었다. 이 당시 발레는 오늘날과 같은 춤이 아니었다. ㉢*왕실과 귀족들이 부유함과 힘을 자랑하기 위해 화려한 옷을 차려입고 궁 안에서 우아하게 거니는 정도였다.

2 다음으로 발레가 ⟨ ㉣ ⟩ 발전했는지 알아보자. 이탈리아에서 시작된 발레는 프랑스에 전해진 뒤 프랑스의 왕이었던 루이 14세에 의해 크게 발전했다. 루이 14세는 발레를 무척 좋아했다. 그는 일곱 살 때부터 발레를 배웠고 25년 동안 직접 발레 공연을 했다. 또 그는 전문 무용수를 길러 내기 위해 1661년에 최초의 발레 학교인 왕립 무용 학교를 설립했다. 이때부터 발레의 기본 동작이 갖추어지고, 프랑스어로 된 발레 용어가 전 세계적으로 쓰이게 되었으며, 전문 무용수가 많이 나왔다. 또한 발레의 무대도 궁에서 극장으로 옮겨 가면서 누구나 발레를 즐길 수 있게 되었다. 오늘날과 같은 발레의 형식은 루이 14세 덕분에 만들어진 셈이다.

3 끝으로 발레 옷과 신발에 어떤 변화가 있었는지 알아보자. 여성 무용수가 착용하는 옷인 튀튀와 신발인 토슈즈는 발레가 발전하면서 만들어졌다. 처음에 여성 무용수는 치맛자락이 바닥에 질질 끌리는 긴 치마를 입고 굽이 높은 구두를 신었다. 여성이 발목을 드러내면 사람들에게 손가락질을 받는 시대였기 때문이었다. 이 *금기는 1726년에 마리 카마르고에 의해서 깨졌다. ㉤마리 카마르고는 공중에서 두 발을 *교차하는 동작을 하기 위해 치마를 발목 위까지 자르고 뒤축이 없는 구두를 신고 춤을 추었다. 이후 여성 무용수가 입는 치마의 길이는 점점 짧아져 치마 길이가 종아리까지 오는 종 모양의 로맨틱 튀튀가 나오게 되었다. 그 뒤에는 치마 길이가 무릎 위로 올라올 정도로 짧고 접시 모양을 한 클래식 튀튀가 나왔다.

▲ 튀튀와 토슈즈를 착용하고 공연하는 무용수들

* 왕실: 임금의 집안.
* 금기: 마음에 꺼려서 하지 않거나 피함.
* 교차하는: 서로 엇갈리거나 마주치는.

1

 짜임

이 글은 설명하는 글의 처음, 가운데, 끝 중 어느 부분에 해당하는지 바르게 말한 것의 기호를 쓰세요.

> ㉮ 발레의 탄생에 대해 알아보자며 설명할 대상을 소개하고 있으므로, 처음 부분에 해당한다.
> ㉯ 발레의 탄생과 발전, 발레 옷과 신발의 변화를 차례대로 설명하고 있으므로, 가운데 부분에 해당한다.
> ㉰ 발레 옷과 신발에 어떤 변화가 있었는지 요약·정리하며 글을 마무리하고 있으므로, 끝부분에 해당한다.

(   )

2

주제

㉠~㉢ 중 ❶문단의 중심 문장에 해당하는 것의 기호를 쓰세요.

(   )

3

어휘·표현

㉣에 들어갈 알맞은 낱말에 ○표 하세요.

(어떡해, 어떻게)

4

추론

다음은 어느 문단의 뒷받침 문장으로 알맞은지 문단의 번호를 쓰세요.

> 발레 신발도 발끝으로 서는 춤 동작이 개발되면서 여성 무용수가 토슈즈를 신게 되었다.

(   )

5 내용 이해

이 글의 내용으로 알맞은 것을 모두 고르세요. (   )

① 루이 14세는 25년 동안 직접 발레 공연을 했다.

② 클래식 튀튀가 나온 뒤에 로맨틱 튀튀가 나왔다.

③ '발레'라는 말은 이탈리아어 '발라레'에서 유래되었다.

④ 발레가 시작되었을 때부터 누구나 발레를 즐길 수 있었다.

⑤ 처음에 여성 무용수는 긴 치마를 입고 굽이 높은 구두를 신었다.

6 주제

다음은 이 글의 중심 생각입니다. 빈칸에 알맞은 말을 쓰세요.

> 발레는 (1) (   )에서 시작되어 (2) (   )에서 크게 발전했고, 발레가 발전하면서 여성 무용수를 위한 튀튀와 (3) (   )이/가 만들어졌다.

7 비판

㉤과 같은 마리 카마르고의 행동에 대해 바르게 평가한 친구에게 모두 ○표 하세요.

(1) **수진:** 용감한 행동이었어. 여성이 발목을 드러내면 사람들에게 비난을 받는 시대였는데도 마리 카마르고는 발레 동작을 하기 위해 과감히 금기를 깼잖아. (   )

(2) **세찬:** 발레 역사에서 매우 의미 있는 행동이었어. 마리 카마르고 덕분에 여성 무용수가 춤을 추기 편한 옷을 입어 어려운 발레 동작도 할 수 있게 되었으니까.

(   )

(3) **효민:** 마리 카마르고가 치마를 자르고 공연한 뒤에 오히려 여성 무용수의 치마가 더 길어지고 예전보다 금기 사항이 더 늘어난 것으로 보아, 신중하지 못한 행동이었어.

(   )

☆ 마리 카마르고가 ㉤과 같은 행동을 할 때의 시대적 상황, ㉤과 같은 행동을 한 뒤에 달라진 모습 등을 제대로 파악하고 평가한 친구를 모두 찾아봐.

내용 정리

★ 빈칸에 알맞은 말을 쓰거나 ○표를 하여 오늘 읽은 글의 내용을 정리해 보세요.

발레의 ❶( )	발레는 지금으로부터 600여 년 전에 이탈리아에서 시작되었다.
발레의 발전	발레는 프랑스에 전해진 뒤 ❷(루이 14세, 마리 카마르고)에 의해 크게 발전했다.
발레 옷과 신발의 변화	❸(남성, 여성) 무용수가 착용하는 튀튀와 토슈즈는 발레가 발전하면서 만들어졌다.

어휘 정리

1 빈칸에 알맞은 낱말을 ○보기○에서 찾아 쓰세요.

○보기○   금기   뒤축   용어

(1) 과학책에 나온 어려운 (   )의 뜻을 찾아보았다.

(2) 운동화 (   )을/를 꺾어 신어서 어머니께 꾸중을 들었다.

(3) 우리 집에서 언니의 별명을 부르는 것은 (   ) 사항이다.

2 다음 문장에 알맞은 낱말을 (   ) 안에서 골라 ○표 하세요.

(1) (화려한, 화목한) 옷차림을 한 배우가 무대 위로 올라왔다.

(2) 그는 값비싸고 귀한 물건으로 집을 꾸밀 정도로 (빈곤했다, 부유했다).

(3) 동해는 따뜻한 물과 차가운 물이 (교대하고, 교차하고) 있어서 물고기가 많이 잡힌다.

*층간 소음 예방 안내문

안녕하십니까?

요즘 층간 소음으로 괴로움을 *호소하는 주민들이 늘고 있습니다. 며칠 전에는 아이가 집 안에서 뛰는 소리 때문에 이웃 간에 다툼을 ⟨ ㉠ ⟩ 했습니다. 층간 소음을 예방하기 위해 다음과 같은 생활 수칙을 꼭 지켜 주세요.

첫째, 집 안에서 뛰거나 소리 내어 걷지 않도록 주의해 주세요. 바닥에 매트를 깔거나 실내화를 신으면 소음을 줄일 수 있습니다.

둘째, 이른 아침과 늦은 밤에는 소음이 나는 운동 기구, 악기, 연장 등의 사용을 *자제해 주세요. 이른 아침과 늦은 밤에는 낮보다 소리가 크게 들립니다. 그러므로 이른 아침과 늦은 밤에 러닝 머신과 같은 운동 기구를 사용하거나 피아노, 바이올린 등 악기를 연주하는 일을 피해 주세요. ⟨ ㉡ ⟩

셋째, 책상, 의자, 식탁 등 가구를 옮길 때 소리가 나지 않도록 주의해 주세요. 가구를 끌면서 옮길 때 나는 소리가 아랫집에는 소음이 됩니다. 가구에 소음을 방지하는 장치를 붙이거나 가구를 들어서 옮겨 주세요.

넷째, 집 안에서 고함을 지르는 것을 자제해 주세요. 노래를 크게 부르거나 지나치게 큰 소리로 대화하는 것도 이웃에게 피해를 줄 수 있습니다.

㉢⎰ 아파트 주민 여러분, 아파트는 단독 주택과는 다릅니다. 우리 집 바닥이 이웃집 천장이 된다는 점을 항상 생각해 층간 소음 문제가 일어나지 않도록 우리 모두 노력합시다. *앉아서 기다린다고 저절로 살기 좋은 아파트가 되지 않습니다. 주민 여러분의 적극적인 협조를 다시 한번 부탁드립니다.

– 행복 아파트 관리 사무소 –

---

*층간 소음: 아파트와 같은 공동 주택에서 한 층에서 발생한 소리가 다른 층 가구에 전달되는 소음.
*호소하는: 억울하거나 딱한 사정을 남에게 간곡히 알리는.
*자제해: 자신의 욕구나 감정을 스스로 억누르고 다스려.
*앉아서 기다리다: 다른 사람이 해 줄 것만 바라고 전혀 노력하지 아니하다.

1

주제

이 글에서 다루고 있는 문제는 무엇인지 네 글자로 쓰세요.

(   )

2

어휘·표현

㉠에 들어갈 알맞은 낱말에 ○표 하세요.

(1) 버리기도
(   )

(2) 벌리기도
(   )

(3) 벌이기도
(   )

☆ 각 낱말이 쓰이는 경우를 생각해 봐.

3

추론

㉡에 들어갈 뒷받침 문장으로 알맞은 것의 기호를 쓰세요.

> ㉮ 쓰레기도 문밖에 내놓지 말아 주세요.
> ㉯ 망치로 벽에 못을 박는 일 등도 낮에 해 주세요.
> ㉰ 이른 아침과 늦은 밤에는 전기를 많이 쓰지 않기 때문입니다.

(   )

4

내용 이해

이 글에서 제시한 층간 소음 예방을 위해 지켜야 하는 생활 수칙이 <u>아닌</u> 것은 무엇인가요? (   )

① 집 안에서 고함을 지르는 것을 자제한다.
② 가구를 옮길 때 소리가 나지 않도록 주의한다.
③ 문을 여닫을 때 소리가 나지 않도록 주의한다.
④ 집 안에서 뛰거나 소리 내어 걷지 않도록 주의한다.
⑤ 이른 아침과 늦은 밤에는 소음이 나는 운동 기구, 악기, 연장 등의 사용을 자제한다.

5

ⓒ은 다음 중 무엇에 해당하는지 ○표 하세요.

생활 수칙   문제 상황   당부하는 말

☆ ⓒ에 어떤 내용이 나타나 있는지 잘 살펴봐.

6

이 글의 중심 생각은 무엇인가요? (   )

① 주택 부족 문제를 해결해야 한다.

② 어려운 이웃을 도우며 살아야 한다.

③ 쓰레기를 아무 데나 버리면 안 된다.

④ 단독 주택보다 아파트가 살기에 편리하다.

⑤ 층간 소음을 예방하기 위해 생활 수칙을 지켜야 한다.

7

다음 신문 기사를 보고, 윗집과 아랫집에 사는 사람들에게 충고할 말로 알맞은 것에
○표 하세요.

> **층간 소음으로 주민들끼리 싸우다**
> 지난 12일 서울시의 한 아파트에서 주민들이 몸싸움을 하다가 다치는 일이 일어
> 났다. 몸싸움의 원인은 층간 소음 때문이었다. 아랫집에 사는 박△△ 씨는 "윗집
> 아이가 뛰는 소리 때문에 두통이 심해졌다. 여러 번 윗집에 부탁했는데 나아지지
> 않았다."라고 하소연했다. 한편 윗집에 사는 장○○ 씨는 "아랫집이 천장에 스피
> 커를 달아 놓고 하루 종일 음악을 크게 틀어 놓으니 화가 날 수밖에 없다."라고 말
> 했다.

(1) "나만 생각하지 말고 서로 입장을 바꾸어 이해하고 배려하세요."   (   )

(2) "준비를 철저히 하고 나서 일을 시작하면 실패를 막을 수 있어요."   (   )

(3) "다른 사람이 문제를 해결해 주기를 바라지 말고 스스로 해결하세요."   (   )

☆ 윗집과 아랫집에 사는 사람들에게 부족한 점이 무엇인지 생각해 봐.

내용 정리

⭐ 빈칸에 알맞은 말을 쓰거나 ○표를 하여 오늘 읽은 글의 내용을 정리해 보세요.

문제 상황	층간 소음으로 괴로움을 호소하는 주민들이 ❶(늘고, 줄고) 있다.
생활 수칙	• ❷(집 안, 집 밖)에서 뛰거나 소리 내어 걷지 않도록 주의한다. • 이른 아침과 ❸(한낮, 늦은 밤)에는 소음이 나는 운동 기구, 악기, 연장 등의 사용을 자제한다. • 가구를 옮길 때 소리가 나지 않도록 주의한다. • 집 안에서 고함을 지르는 것을 자제한다.
당부하는 말	❹( ) 문제가 일어나지 않도록 노력하자.

어휘 정리

1 빈칸에 알맞은 낱말을 ○보기○에서 찾아 쓰세요.

> ○보기○   예방   자제   호소

(1) 나는 흥분을 (   )하고 친구의 말에 귀를 기울였다.

(2) 손을 자주 씻으면 전염병을 (   )하는 데 도움이 된다.

(3) 그녀는 사람들에게 반려동물을 버리지 말아 달라고 (   )했다.

2 다음 문장에 알맞은 관용어를 (   ) 안에서 골라 ○표 하세요.

감이 떨어지기만을 (시치미 떼지, 앉아서 기다리지) 말고 사다리를 타고 올라가 직접 따야 한다.

앞에서 배운 낱말을 떠올려 보고, 퀴즈를 풀며 미로를 탈출해 보세요.

사물이 지니고 있는 쓸모를 무엇이라고 할까?

가치

"해설가는 우리나라의 승리를 ○○했다."에서 빈칸에 들어갈 낱말은?

예언

예민

가격

민감

"돌고래는 소리에 ○○한 동물이야."에서 빈칸에 들어갈 낱말은?

일정한 분야에서 주로 사용하는 말을 무엇이라고 할까?

용어

외국어

도리

회전

금기

마음에 꺼려서 하지
않거나 피하는 것을
무엇이라고 할까?

"여기는 세 방향의
길이 ○○하는 곳이야."에서
빈칸에 들어갈 낱말은?

호소

공감

교차

"쌀 소비량이 줄어 농가에서
어려움을 ○○하고 있어."에서
빈칸에 들어갈 낱말은?

훌륭해! 독해력
다음 단계에 도전해
보자고! 출발!

실리다

호출

'글, 그림, 사진 등이 책이나
신문에 나오다.'라는 뜻을
가진 낱말은 무엇일까?

풀리다

7권 87

1 몇 년 전에 우리나라에서 있었던 일이야. 한 택시 기사가 택시를 운전하고 가다가 갑자기 정신을 ⓐ_____. 그런데 ⓛ택시에 타고 있던 승객들이 택시 기사를 그냥 두고 떠나 버렸대. 얼마 뒤 다른 사람들이 택시 기사를 발견하고 병원으로 옮겼지만 택시 기사는 *숨을 거두고 말았어. 사람들은 택시 기사를 그냥 두고 떠난 승객들을 비난하며 ⓒ우리나라에도 '착한 사마리아인의 법'을 *도입해야 한다고 목소리를 높였어. 이후 '착한 사마리아인의 법'에 대한 사람들의 관심이 뜨거워졌지. '착한 사마리아인의 법'이 무엇인지 알아볼까?

2 ⓔ'착한 사마리아인의 법'은 자신에게 위험이나 피해가 일어나지 않는데도 곤경에 처한 사람을 돕지 않는 행위를 처벌할 수 있는 법이야. 만약 우리나라에 '착한 사마리아인의 법'이 있었다면 택시 기사를 그냥 두고 떠난 승객들은 벌을 받았을지도 모르지. 택시 기사의 목숨이 위험한 것을 알면서도 도와주지 않았으니까 말이야.

3 ⓜ'착한 사마리아인의 법'이라는 이름은 *성서에 나오는 이야기에서 유래했어. 한 유대인 남자가 강도를 만나 길에서 죽어 가고 있었대. 그런데 길을 지나가던 유대인들은 죽어 가고 있는 남자를 못 본 척 지나쳤지만 한 사마리아인만은 남자를 불쌍히 여겨 정성껏 돌봐 주었다고 해. 그 당시 사마리아인은 유대인에게 *멸시를 받았어. 그럼에도 불구하고 사마리아인은 사람이라면 마땅히 해야 할 일이라고 생각해서 위험에 처한 남자를 도와준 거야.

4 세계 여러 나라 중에는 '착한 사마리아인의 법'을 시행하는 나라도 있고, 그렇지 않은 나라도 있어. 현재 우리나라는 '착한 사마리아인의 법'을 시행하고 있지 않아. 법을 시행하기 전에 그 법이 필요한지, 문제점은 없는지 신중히 살펴봐야 하거든.

5 이젠 '착한 사마리아인의 법'이 무엇인지 잘 알겠지? 사람들이 점점 자신만 중요하게 여기다 보니까 남을 도와주는 일조차 법으로 정해 놓아야만 하는 세상이 되어 가고 있어. ⓗ사회가 변해 가도 우리 마음속에 꼭 간직해야 하는 것 중 하나가 남을 돕는 착한 마음이 아닐까? 우리 모두가 행복하게 살려면 말이야.

*숨을 거두다: 죽다.
*도입해야: 기술, 방법, 물자 따위를 끌어 들여야.
*성서: 기독교의 기본 원리와 가르침을 적은 책.
*멸시: 업신여기거나 하찮게 여겨 깔봄.

1 주제

이 글에서 설명하는 것은 무엇인지 쓰세요.

(   )

2 짜임

이 글을 설명하는 글의 짜임에 맞게 나눈 것은 무엇인가요? (   )

	처음	가운데	끝
①	❶	❷, ❸	❹, ❺
②	❶	❷	❸, ❹, ❺
③	❶	❷, ❸, ❹	❺
④	❶, ❷	❸	❹, ❺
⑤	❶, ❷	❸, ❹	❺

3 어휘·표현

㉠에 들어갈 낱말로 알맞은 것의 기호를 쓰세요.

㉮ 일었어   ㉯ 잃었어   ㉰ 잊었어

(   )

4 내용 이해

㉡~㉴ 중 글쓴이의 의견이 드러난 문장은 무엇인가요? (   )

① ㉡   ② ㉢   ③ ㉣
④ ㉤   ⑤ ㉥

☆ ㉡~㉥을 사실과 의견으로 구분해 봐.

5

내용 이해

'착한 사마리아인의 법'에 대한 설명으로 알맞으면 ○표, 알맞지 <u>않으면</u> ×표 하세요.

(1) 현재 우리나라는 '착한 사마리아인의 법'을 시행하고 있다. ( )

(2) 한 사마리아인만이 죽어 가고 있는 유대인 남자를 돌봐 주었다는 성서의 이야기에서 유래했다. ( )

(3) 자신에게 위험이나 피해가 일어나는 상황에서 곤경에 처한 사람을 돕지 않으면 처벌할 수 있는 법이다. ( )

6

추론

다음은 몇 문단과 관련해서 한 말인가요? ( )

> '착한 사마리아인의 법'을 시행하고 있는 나라가 어디인지 설명하는 문장이 들어가면 더 좋을 것 같다.

① **1**문단 ② **2**문단 ③ **3**문단
④ **4**문단 ⑤ **5**문단

☆ '착한 사마리아인의 법'을 시행하는 나라와 관련된 내용이 들어 있는 문단을 찾아봐.

7

비판

'착한 사마리아인의 법'에 대해 바르게 판단한 친구의 이름을 쓰세요.

> 유나: '착한 사마리아인의 법'이라는 이름이 성서의 이야기에서 유래했기 때문에 무조건 좋다고 생각해.
> 규현: '착한 사마리아인의 법'을 시행하면 사람들이 위험한 곳에 가지 못하고, 위험한 행동도 못 하기 때문에 사건·사고가 많이 줄어들 거야.
> 성하: 곤경에 처한 사람을 돕는 행동은 우리 양심에 따라 할 일이지 '착한 사마리아인의 법'을 시행해 강제로 하게 할 일은 아니라고 생각해.

( )

📝 내용 정리

⭐ 빈칸에 알맞은 말을 쓰거나 ○표를 하여 오늘 읽은 글의 내용을 정리해 보세요.

처음	'착한 사마리아인의 법'이 무엇인지 알아보자.
가운데	• '착한 사마리아인의 법'은 자신에게 위험이나 피해가 일어나지 않는데도 곤경에 처한 사람을 ❶( ) 행위를 처벌할 수 있는 법이다. • '착한 사마리아인의 법'이라는 이름은 ❷( )에 나오는 이야기에서 유래했다. • 세계 여러 나라 중에는 '착한 사마리아인의 법'을 시행하는 나라도 있고, 그렇지 않은 나라도 있다.
끝	사회가 변해 가도 ❸(남을 돕는 착한 마음, 자신을 소중히 여기는 마음)을 간직해야 한다.

🔍 어휘 정리

1 다음 문장에 알맞은 낱말을 (   ) 안에서 골라 ○표 하세요.

(1) 그는 가난하다고 (멸시, 존경)을/를 받아 속상했다.

(2) 버스 안에 (기사, 승객)이/가 많아 발 디딜 틈이 없었다.

(3) 새로운 기술을 공장에 (기입한, 도입한) 결과 생산량이 증가했다.

2 빈칸에 들어갈 알맞은 관용어에 ○표 하세요.

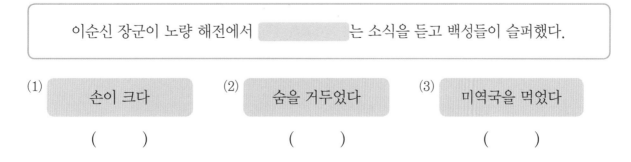

이순신 장군이 노량 해전에서   는 소식을 듣고 백성들이 슬퍼했다.

(1) 손이 크다
( )

(2) 숨을 거두었다
( )

(3) 미역국을 먹었다
( )

1 우리는 맛을 나타낼 때 '달다', '달콤하다', '짜다', '싱겁다', '시다', '새콤하다', '쓰다', '맵다', '매콤하다' 등과 같은 낱말을 사용해요. 그런데 이 낱말들 외에도 맛을 나타내는 우리말이 많아요. 그리고 같은 맛을 나타내는 낱말이라도 낱말마다 뜻이 ⟨ ㉠ ⟩.

2 '다디달다', '달큼하다', '달짝지근하다', '들큼하다' 등은 단맛을 나타내는 우리말이에요. '다디달다'는 매우 단 것을, '달큼하다'는 맛있게 꽤 단 것을, '달짝지근하다'는 약간 달콤한 맛이 있는 것을 뜻해요. 그리고 '들큼하다'는 *맛깔스럽지 아니하게 조금 단 것을 뜻하는 말이에요.

3 '짜디짜다', '간간하다', '밍밍하다', '찝찔하다' 등은 짠맛을 나타내는 우리말이에요. '짜디짜다'는 매우 짠 것을, '간간하다'는 입맛 당기게 약간 짠 듯한 것을, '밍밍하다'는 몹시 싱거운 것을 뜻해요.

4 '시디시다', '새금하다', '시그무레하다', '시척지근하다' 등은 신맛을 나타내는 우리말이에요. '시디시다'는 몹시 신 것을, '새금하다'는 맛깔스럽게 조금 신 것을, '시그무레하다'는 깊은 맛이 있게 조금 신 것을 뜻해요. 그리고 '시척지근하다'는 음식이 쉬어서 비위에 거슬릴 정도로 신 것을 뜻해요.

5 '쓰디쓰다', '쌉쌀하다', '씁쓸하다', '쌉싸래하다' 등은 쓴맛을 나타내는 우리말이에요. '쓰디쓰다'는 몹시 쓴 것을, '쌉쌀하다'와 '씁쓸하다'는 조금 쓴 것을, '쌉싸래하다'는 조금 쓴 맛이 있는 듯한 것을 뜻해요.

6 이처럼 단맛, 짠맛, 신맛, 쓴맛, 매운맛을 나타내는 우리말이 많아요. 앞으로 맛있는 고기나 과일, 채소 등을 먹고 맛을 나타낼 때 우리말을 사용해 보세요. 우리말의 재미와 즐거움을 새록새록 느낄 수 있을 거예요.

7 '맵디맵다', '매움하다', '매큼하다', '매콤하다' 등은 매운맛을 나타내는 우리말이에요. '맵디맵다', '매움하다', '매큼하다'는 아주 매운 것을, '매콤하다'는 약간 매운 것을 뜻해요.

＊맛깔스럽지: 입에 당길 만큼 음식의 맛이 있지.

1

주제

이 글을 통해 알 수 있는 사실은 무엇인가요? (   )

① 맛을 느끼는 원리   ② 우리나라의 대표 음식

③ 맛을 나타내는 우리말   ④ 재미있는 우리말의 유래

⑤ 음식을 맛있게 먹는 방법

☆ 설명하는 대상이 무엇인지 알아봐.

2

어휘·표현

㉠에 들어갈 알맞은 낱말에 ○표 하세요.

(달라요, 틀려요)

3

추론

다음은 어느 문단의 뒷받침 문장으로 알맞은지 문단의 번호를 쓰세요.

> '찝찔하다'는 맛이 없이 조금 짠 것을 뜻해요.

(   )

4

내용 이해

다음 설명에 해당하는 낱말은 무엇인가요? (   )

> 매우 신맛을 표현할 때 쓸 수 있다.

① 들큼하다   ② 시디시다

③ 새금하다   ④ 쌉싸래하다

⑤ 시그무레하다

5 설명하는 글의 짜임상 순서를 서로 바꾸어야 하는 문단은 무엇인가요? (   )

① **1**문단과 **3**문단   ② **1**문단과 **6**문단

③ **1**문단과 **7**문단   ④ **4**문단과 **6**문단

⑤ **6**문단과 **7**문단

☆ 설명하는 글의 처음, 가운데, 끝의 특징을 떠올려 봐.

6 주제 이 글의 중심 생각을 알맞게 말한 친구에게 ○표 하세요.

(1)
맛을 나타내는 다양한 우리말을 알고 사용하자는 거야.

(   )

(2)
음식을 골고루 먹어 다양한 맛을 느껴 보자는 거야.

(   )

(3)
맛을 나타내는 말을 새롭게 만들어 사용하자는 거야.

(   )

7 적용·창의 이 글에 나온 맛을 나타내는 말로 짧은 문장을 만들었습니다. 밑줄 친 말의 쓰임이 알맞지 <u>않은</u> 것은 무엇인가요? (   )

① 귤이 <u>달큼해서</u> 다섯 개나 먹었다.

② 시금치나물이 상해서 <u>새금한</u> 맛이 났다.

③ 눈물, 콧물이 날 정도로 고추가 <u>매움했다</u>.

④ 한약이 <u>쓰디쓴지</u> 오빠가 얼굴을 찌푸렸다.

⑤ 국에 소금이나 간장을 전혀 넣지 않아서 <u>밍밍했다</u>.

☆ 맛을 나타내는 말의 뜻을 떠올려 봐.

📝 내용 정리

⭐ 빈칸에 알맞은 말을 쓰거나 ○표를 하여 오늘 읽은 글의 내용을 정리해 보세요.

처음	❶( )을/를 나타내는 우리말이 많다.
가운데	• '다디달다', '달큼하다', '달짝지근하다', '들큼하다' 등은 단맛을 나타낸다. • '짜디짜다', ❷'(간간하다, 칼칼하다)', '밍밍하다', '찝찔하다' 등은 짠맛을 나타낸다. • '시디시다', '새금하다', '시그무레하다', '시척지근하다' 등은 ❸( )을/를 나타낸다. • '쓰디쓰다', '쌉쌀하다', '씁쓸하다', '쌉싸래하다' 등은 ❹(쓴맛, 떫은맛)을 나타낸다. • '맵디맵다', '매움하다', '매큼하다', '매콤하다' 등은 매운맛을 나타낸다.
끝	앞으로 맛을 나타낼 때 우리말을 사용해 보자.

🔍 어휘 정리

1 빈칸에 알맞은 낱말을 ○보기○에서 찾아 쓰세요.

> **○ 보기 ○** 쉬어   싱거워   맛깔스러워

(1) 콩나물국이 ( ) 소금을 넣었다.

(2) 떡볶이가 ( ) 보여 얼른 먹고 싶었다.

(3) 여름에는 음식이 금방 ( ) 냉장고에 음식을 보관해야 한다.

2 다음 문장에 알맞은 관용어를 ( ) 안에서 골라 ○표 하세요.

> 그는 요즘 낚시에 (손을 떼서, 맛을 붙여, 꼬리표가 붙어) 매주 일요일마다 낚시터에 간다.

조사 보고서			
			길벗 초등학교 4학년 2반 박선재
조사 대상	미래의 직업		
㉠	미래의 직업을 통해 직업의 변화를 이해하고 앞으로 내가 가지고 싶은 직업을 선택하는 데 도움을 받기 위해서이다.		
조사 방법	도서관, 어린이 신문	조사 기간	20○○년 9월 12일~9월 13일
조사 내용	• 로봇 윤리학자: 미래에는 똑똑한 지능을 가진 로봇이 많이 개발되어 사람이 하는 일을 대신할 것이다. 따라서 '로봇 윤리학자'가 필요하다. '로봇 윤리학자'는 사람을 위해 로봇이 지켜야 할 규범을 만든다. ㉡ • 곤충 음식 조리사: 2050년에는 세계 인구가 현재보다 약 18억 명 증가해 더 많은 식량이 필요하다. 하지만 농작물과 가축을 키울 땅과 물이 부족하고, 가축의 수를 마구 ㉢늘이면 온실가스[*]가 발생한다. 이에 따라 곤충이 미래의 식량으로 꼽히면서 곤충으로 만든 식품이나 음식을 연구하고 만드는 방법을 개발하는 '곤충 음식 조리사'가 생겨날 것이다. • 우주 관리인: 더 이상 작동하지 않는 인공위성이나 로켓의 부품 등과 같은 우주 쓰레기가 우주에 떠돌아다니면서 여러 가지 문제를 일으킨다. 미래에 우주 개발이 더욱 활발해지면 우주 쓰레기도 더 많아질 것이다. 따라서 '우주 관리인'이 필요하다. '우주 관리인'은 우주 쓰레기를 효과적으로 처리하는 기술을 연구한다.		
생각이나 느낌	• 미래에 사람이 하는 일을 로봇이 대신하면 사람의 일자리가 줄어들 것 같아 걱정스러운 마음이 들었다. • ㉣곤충은 보기만 해도 징그럽고 싫어서 곤충 음식 조리사가 되려고 하는 사람은 한 명도 없을 것이다. • 사회가 발전할수록 새로운 직업이 계속 나타나므로, 항상 관심을 가지고 필요한 준비를 해야겠다고 생각했다.		

[*] 온실가스: 지구 대기를 오염시켜 온실 효과를 일으키는 가스를 통틀어 이르는 말.

1

짜임

㉠에 들어갈 알맞은 말에 ○표 하세요.

(1)
조사 과정

(   )

(2)
조사 목적

(   )

(3)
조사한 사람

(   )

☆ ㉠ 오른쪽에 있는 내용을 살펴보고, 무엇에 대해 썼는지 생각해 봐.

2

추론

㉡에 들어갈 뒷받침 문장으로 알맞은 것에 ○표 하세요.

(1) 우리나라 만화 영화 중 로봇이 등장하는 최초의 만화 영화는 「로보트 태권 브이
(V)」이다.   (   )

(2) 우주 탐험에서 로봇이 중요한 까닭은 사람이 갈 수 없는 곳에서의 작업이 가능하
기 때문이다.   (   )

(3) '로봇 윤리학자'는 로봇이 문제를 일으켰을 때 로봇이 일부러 사람을 해치려고 한
것인지를 판단하는 기준도 마련한다.   (   )

3

어휘·표현

㉢을 바르게 고쳐 쓰세요.

(   )

4

내용 이해

이 글을 통해 알 수 있는 미래의 모습으로 알맞지 않은 것을 두 가지 고르세요.

(   )

① 세계 인구가 증가한다.

② 곤충을 식량으로 이용하게 된다.

③ 농작물과 가축을 더 많이 키워 식량이 넉넉해진다.

④ 우주 쓰레기 때문에 우주를 개발하는 일이 중단된다.

⑤ 똑똑한 지능을 가진 로봇이 사람이 하는 일을 대신한다.

5 선재가 미래의 직업을 조사하면서 걱정스러운 마음이 든 까닭은 무엇인가요? (　　　)

내용 이해

① 미래에는 곤충을 먹어야 해서

② 미래의 직업은 공부를 많이 해야 하는 것들이어서

③ 미래의 직업 중 자신의 흥미를 끄는 직업이 없어서

④ 자신이 가지고 싶은 직업이 미래에는 사라지고 없을 것 같아서

⑤ 미래에 사람이 하는 일을 로봇이 대신하면 사람의 일자리가 줄어들 것 같아서

6 ㉣에 대해 충고의 말을 알맞게 한 친구의 이름을 쓰세요.

비판

> 동하: 곤충과 관련된 직업만 찾지 말고 좀 더 다양한 미래의 직업을 알아보는 것이 좋겠어.
> 윤지: 다른 사람들이 훌륭하다고 평가하는 직업보다 내가 좋아하고 잘할 수 있는 직업을 선택하는 것이 바람직하다고 생각해.
> 수현: 모든 사람이 곤충을 싫어하는 것은 아니므로 곤충 음식 조리사가 되려고 하는 사람이 한 명도 없을 것이라는 생각은 옳지 않아.

(　　　　　　　)

☆ 곤충 음식 조리사에 대한 선재의 생각이나 느낌에서 잘못된 점을 찾아봐.

7 선재는 이 조사 보고서를 바탕으로 미래의 직업을 설명하는 글을 쓰려고 합니다. '조사 내용'은 설명하는 글의 짜임 중 어디에 들어가야 할지 알맞은 것에 ○표 하세요.

적용·창의

(1) | 처음 |
(2) | 가운데 |
(3) | 끝 |

(　　) 　　(　　) 　　(　　)

📝 내용 정리

⭐ 빈칸에 알맞은 말을 쓰거나 ○표를 하여 오늘 읽은 글의 내용을 정리해 보세요.

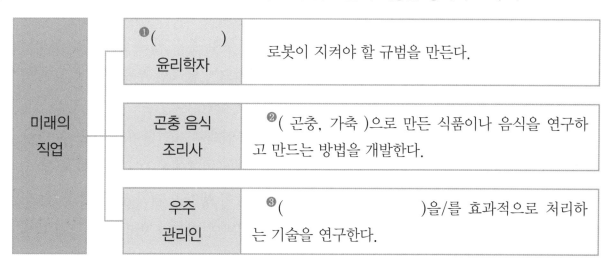

미래의 직업	❶(　　　　　) 윤리학자	로봇이 지켜야 할 규범을 만든다.
	곤충 음식 조리사	❷(곤충, 가축)으로 만든 식품이나 음식을 연구하고 만드는 방법을 개발한다.
	우주 관리인	❸(　　　　　　　　　)을/를 효과적으로 처리하는 기술을 연구한다.

🔍 어휘 정리

1 빈칸에 알맞은 낱말을 ○보기○에서 찾아 쓰세요.

> ○보기○　　　　　　　규범　　　지능　　　일자리

⑴ 침팬지는 (　　　　　　)이/가 높아 도구를 사용할 줄 안다.

⑵ 삼촌은 회사를 그만두고 다른 (　　　　　　)을/를 알아보고 있다.

⑶ 효도는 우리 조상들이 중요하게 여겼던 생활 (　　　　　) 중의 하나이다.

2 밑줄 친 부분과 관계있는 속담이나 관용어에 ○표 하세요.

> 미래에 사람이 하는 일을 로봇이 대신하면 사람의 일자리가 줄어들 것 같아 <u>걱정이 많다.</u>

⑴ 걱정도 팔자다　　　⑵ 걱정을 잡아매다　　　⑶ 걱정이 태산이다

　(　　)　　　　　　(　　)　　　　　　(　　)

1 내 얼굴을 가만히 살펴보면 엄마 모습도 있고 아빠 모습도 있어. 엄마의 유전자와 아빠의 유전자가 만나 내가 태어났으니까 당연하다고? 맞아. 엄마와 아빠가 각각 자신의 유전자를 *복제해서 나에게 절반씩 나누어 주기 때문에 자식은 부모님을 ⟨　　⊙　　⟩ 거야. 그런데 유전자가 제대로 복제되지 않으면 부모님에게 없던 특성이 자식에게 나타나. 이런 현상을 '돌연변이'라고 한단다.

2 돌연변이는 원인에 따라 유전자 돌연변이와 염색체 돌연변이로 나눌 수 있어.

먼저 유전자 돌연변이는 유전 정보를 담고 있는 디엔에이(DNA)의 한 부분이 바뀌면 나타나. 만약 피를 응고시키는 부분에 이상이 생기면 피가 났을 때 잘 멎지 않아. 또 *멜라닌 색소를 만드는 부분에 이상이 생기면 피부와 머리카락 등이 하얗게 되지. 유전자 돌연변이는 환경 때문에 나타나기도 해. 돌연변이를 일으키는 환경 요인이 디엔에이를 망가뜨리면 암 같은 병이 생길 수도 있어.

다음으로 염색체 돌연변이는 염색체의 수나 구조에 이상이 생기면 나타나. 염색체는 유전자로 이루어진 막대 모양의 물질인데, 우리 몸의 세포가 나뉘면서 새로운 세포를 만들 때 나타나. 이 염색체의 수가 정상보다 더 많거나 적은 경우 또는 염색체의 한 부분이 뭉툭 잘려 없어지거나 순서가 바뀌는 경우와 같이 염색체에 변화가 생기면 아기가 태어나지 못하고 엄마의 배 속에서 죽거나 아기가 태어나더라도 장애가 나타날 때가 많아.

3 ⓒ대부분의 돌연변이는 생물에게 불리하지만 꼭 나쁜 것만은 아니야. 씨 없는 수박이 나와 우리가 수박을 먹을 때 한결 편해진 것처럼 말이야. 돌연변이로 낫 모양의 *적혈구를 가진 사람은 말라리아 병에 걸려도 생존할 가능성이 높아. 이처럼 어떤 돌연변이는 오히려 생존에 더 유리하기도 해. 지구상에 다양한 생물이 생겨나고, 그 생물들 중 자연환경에 더 적합한 것이 ⓒ살아남아 *진화가 이루어진 데는 돌연변이도 한몫을 하고 있단다.

---

*복제해서: 본디의 것과 똑같은 것을 만들어서.
*멜라닌: 동물의 조직에 있는 검은색이나 흑갈색의 색소.
*적혈구: 혈액 속에 들어 있으며 산소를 몸의 각 부분에 나르는 붉은색의 성분.
*진화: 생물이 생명이 생긴 이후부터 조금씩 발전해 가는 현상.

1

주제

이 글의 중심 낱말은 무엇인가요? (　　　)

① 복제 　　　　　② 진화 　　　　　③ 유전자

④ 염색체 　　　　⑤ 돌연변이

2

어휘·표현

㉠에 들어갈 알맞은 낱말을 ❷보기❸에서 찾아 쓰세요.

❸보기❸	담는	닮는	닿는

（　　　　　　　　）

3

내용 이해

이 글에 나타난 ㉡의 예로 알맞지 <u>않은</u> 것은 무엇인가요? (　　　)

① 아기가 태어나더라도 장애가 나타난다.

② 아기가 태어나지 못하고 엄마의 배 속에서 죽는다.

③ 피를 응고시키는 부분에 이상이 생기면 피가 났을 때 잘 멎지 않는다.

④ 낫 모양의 적혈구를 가진 사람은 말라리아 병에 걸려도 생존할 가능성이 높다.

⑤ 멜라닌 색소를 만드는 부분에 이상이 생기면 피부와 머리카락 등이 하얗게 된다.

4

어휘·표현

㉢의 뜻을 가진 두 글자의 낱말을 ❸에서 찾아 쓰세요.

（　　　　　　　　）

☆ '살아남다'와 바꾸어 써도 되는 낱말을 ❸에서 찾아봐.

②에 덧붙일 뒷받침 문장에 대해 바르게 말하지 <u>못한</u> 친구의 이름을 쓰세요.

민선: 염색체 돌연변이로 어떤 장애가 나타나는지 설명하는 문장이 들어가는 것이 좋겠어.

인영: 사람들이 돌연변이를 나쁘다고 생각하게 된 까닭을 알 수 있는 문장이 들어가야 해.

규현: 유전자 돌연변이를 일으키는 환경 요인에는 무엇이 있는지를 알려 주는 문장이 필요해.

(   )

☆ ②에서 설명하는 내용과 관련해 부족한 점을 찾아봐.

6

주제

다음은 이 글의 중심 생각입니다. 빈칸에 알맞은 말을 차례대로 쓰세요.

부모님에게 없던 특성이 자식에게 나타나는 현상인 돌연변이는 유전자 돌연변이와 ⑴ (   ) 돌연변이로 나눌 수 있으며, 돌연변이가 생물에게 꼭 ⑵ (   ) 것만은 아니다.

7

적용·창의

이 글과 다음 글을 읽고 만들 수 있는 토론 주제로 알맞은 것에 ○표 하세요.

원하는 유전자를 잘라 내는 유전자 가위 기술을 이용해 돌연변이 식물을 만들어 내는 연구가 세계 곳곳에서 이루어지고 있다. 병을 일으키거나 가뭄에 약한 유전자를 잘라 내어 병에 강한 밀과 옥수수, 가뭄에도 잘 자라는 콩 등을 만든 것이 모두 유전자 가위 기술을 이용한 것들이다. 유전자 가위 기술은 우수한 품종의 농작물을 개발하는 데 도움이 된다. 하지만 예상하지 못한 부작용이 있을 수 있다는 의견도 제기되고 있다.

⑴ 인간을 위해 동물은 희생되어도 되는가   (   )

⑵ 복제 인간도 가족으로 받아들여야 하는가   (   )

⑶ 인간이 다른 생물에 돌연변이를 일으키는 것은 바람직한가   (   )

📝 내용 정리

⭐ 빈칸에 알맞은 말을 쓰거나 ○표를 하여 오늘 읽은 글의 내용을 정리해 보세요.

돌연변이의 뜻	유전자가 제대로 복제되지 않아 부모님에게 ❶(있던, 없던) 특성이 자식에게 나타나는 현상을 '돌연변이'라고 한다.	
돌연변이의 종류	유전자 돌연변이	• 디엔에이(DNA)의 한 부분이 바뀌면 나타난다. • ❷(　　　　) 때문에 나타나기도 한다.
	염색체 돌연변이	염색체의 ❸(　　) (이)나 구조에 이상이 생기면 나타난다.
돌연변이의 긍정적인 점	돌연변이가 생물에게 꼭 나쁜 것만은 아니다.	

🔍 어휘 정리

1 빈칸에 알맞은 낱말을 ○보기○에서 찾아 쓰세요.

> ○보기○　　　　　복제　　　응고　　　적합

(1) 버터는 우유에 있는 지방을 (　　　　)시켜서 만든다.

(2) 이 옷감은 얇아서 여름옷을 만드는 데 (　　　　)하다.

(3) 책이나 그림 등을 함부로 (　　　　)하면 절대로 안 된다.

2 다음 문장에 알맞은 관용어를 (　) 안에서 골라 ○표 하세요.

> 혼자 선물값을 내겠다고 큰소리치던 형이 용돈을 다 써서 돈이 없자 (얼굴을 들지, 얼굴을 보지, 얼굴을 고치지) 못했다.

세계 여러 나라의 빵

▲ 화쥐안

1 중국에서는 화쥐안을 즐겨 먹어요. 우리나라에는 '꽃빵'이라고 알려져 있는 화쥐안은 밀가루 반죽을 꽃 모양으로 만든 뒤에 찜통에 찐 빵이에요. 화쥐안은 날씨가 추워 쌀을 재배하기 어려운 중국의 북부 지방에서 밥 대신 먹기 위해 만든 것으로, 보통 볶음 요리와 함께 먹어요.

▲ 난

2 인도에서는 난을 즐겨 먹어요. 난은 밀가루, 설탕, *이스트, 물 등을 ⟨ ㉠ ⟩ 반죽을 얇게 펴 화덕 안쪽의 벽면에 붙여 구워 낸 빵이에요. 빵이 구워지는 동안 반죽이 점점 아래로 처지면서 잎사귀 또는 눈물 모양이 되지요. 난은 인도의 강한 향신료가 들어가는 커리나 *달에 찍어 먹는데, 담백한 난이 향신료의 맛을 한결 부드럽게 해 주어요.

▲ 미트파이

3 ⟨ ㉡ ⟩ 미트파이는 고기로 속을 채워 만든 빵으로, '고기파이'라고도 해요. 미트파이는 이집트의 음식이 그리스에 전파되면서 등장했어요. 이후 미트파이는 유럽의 *주식으로 자리 잡았고, 선교사와 탐험가에 의해 전 세계로 퍼져 나가 호주에도 전해졌어요. 미트파이는 보통 빵 반죽 안에 다진 고기와 다진 야채 등을 넣고 구워 만들어요. 호주 사람들은 간식으로 햄버거보다 미트파이를 더 즐겨 먹으며, 호주의 편의점에 가면 미트파이를 손쉽게 살 수 있어요.

4 미국 사람들은 아침 식사로 베이글을 즐겨 먹어요. 베이글은 밀가루, 소금, 설탕, 이스트, 식용유와 물 등 비교적 간단한 재료로 만든 도넛 모양의 빵이에요. 베이글은 약 2000년 전에 유대인들이 만들어 먹기 시작했는데 1900년대에 유대인들이

▲ 베이글

미국으로 건너오면서 미국에 널리 알려졌어요. 베이글은 밀가루 반죽을 끓는 물에 한 번 데쳐서 겉을 익힌 다음 오븐에 구워 내는 것이 특징이에요.

＊이스트: 술의 재료를 발효시키거나 빵 반죽을 부풀게 하는 미생물.
＊달: 콩을 삶아서 향신료를 넣고 끓인 인도식 수프.
＊주식: 밥이나 빵과 같이 끼니에 주로 먹는 음식.

1

어휘·표현

㉠에 들어갈 알맞은 낱말에 ◯표 하세요.

(섞은, 썩은)

2

추론

❷문단에 덧붙일 뒷받침 문장에 대해 바르게 말한 것의 기호를 쓰세요.

> ㉮ 향신료의 뜻을 명확히 밝히는 문장이 필요해.
> ㉯ 커리를 만드는 방법을 알 수 있는 문장이 들어가야 해.
> ㉰ 인도 사람들이 난을 먹기 시작한 때를 설명하는 문장이 들어가면 좋겠어.

(   )

☆ 난과 관련해 ❷문단에 나타나지 않은 내용이 무엇인지 찾아봐.

3

추론

㉡에 들어갈 ❸문단의 중심 문장으로 알맞은 것에 ◯표 하세요.

(1) 호주를 대표하는 빵은 미트파이예요.   (   )

(2) 호주는 야채즙으로 만든 잼이 유명해요.   (   )

(3) 호주의 다른 이름은 오스트레일리아예요.   (   )

4

내용 이해

이 글의 내용으로 알맞은 것을 두 가지 고르세요. (   )

① 난은 커리나 달에 찍어 먹는다.

② 베이글은 밀가루 반죽을 찜통에 쪄서 만든다.

③ 호주 사람들은 미트파이보다 햄버거를 즐겨 먹는다.

④ 화쥐안은 반죽을 화덕 안쪽의 벽면에 붙여 구워 낸 빵이다.

⑤ 고기를 넣은 미트파이는 이집트의 음식이 그리스에 전파되면서 등장했다.

5 다음은 이 글의 어느 부분에 들어가야 하나요? (　　　)

짜임

> 　빵은 지금으로부터 6000여 년 전 이집트에서 처음 만들어 먹기 시작했어요. 이
> 후 세계 여러 나라에 전파되어 각 나라의 기후와 문화에 맞는 빵이 만들어졌어요.
> 각 나라에서 즐겨 먹는 빵에 대해 알아보아요.

① **1**문단 앞 　　　　　　　② **1**문단과 **2**문단 사이
③ **2**문단과 **3**문단 사이 　④ **3**문단과 **4**문단 사이
⑤ **4**문단 뒤

☆ 빵의 역사와 함께 설명하는 대상이 무엇인지 밝힌 내용이 들어가기에 알맞은 곳이 어디인지 생각해 봐.

6 이 글을 통해 글쓴이가 말하려고 하는 것은 무엇인가요? (　　　)

주제

① 각 나라마다 즐겨 먹는 빵이 있다.
② 사람들은 오래전부터 빵을 먹었다.
③ 빵을 만드는 기술은 나날이 발전했다.
④ 세계 곳곳에서 건강에 좋은 빵을 만들고 있다.
⑤ 우리나라에서도 밥 대신 빵을 먹는 사람들이 늘고 있다.

7 이 글을 읽고 세계 여러 나라의 빵에 대해 바르게 말한 친구의 이름을 쓰세요.

비판

> 태원: 밀가루, 소금, 설탕, 이스트, 식용유, 물 등을 넣어 만든 베이글이 가장 맛없
> 　　고, 고기를 넣은 미트파이가 가장 맛있어.
> 수민: 세계 여러 나라의 빵을 맛볼 때 그 빵의 유래나 만드는 방법 등을 알아보면
> 　　그 나라의 문화를 이해하는 데 도움이 될 거야.

(　　　　　　　　　)

☆ 이 글을 통해 알 수 있는 사실을 바탕으로 세계 여러 나라의 빵에 대해 바르게 이해한 친구를 찾아봐.

📝 내용 정리

★ 빈칸에 알맞은 말을 쓰거나 ○표를 하여 오늘 읽은 글의 내용을 정리해 보세요.

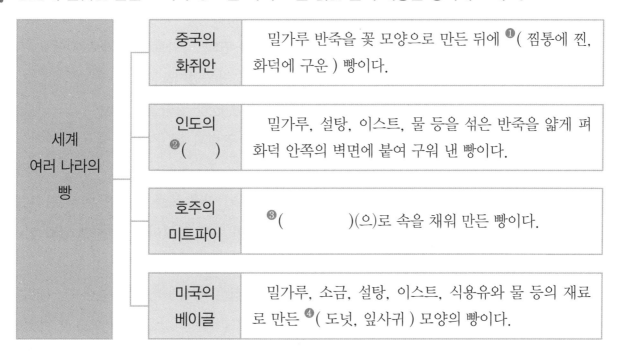

세계 여러 나라의 빵	중국의 화쥐안	밀가루 반죽을 꽃 모양으로 만든 뒤에 ❶(찜통에 찐, 화덕에 구운) 빵이다.
	인도의 ❷( )	밀가루, 설탕, 이스트, 물 등을 섞은 반죽을 얇게 펴 화덕 안쪽의 벽면에 붙여 구워 낸 빵이다.
	호주의 미트파이	❸( )(으)로 속을 채워 만든 빵이다.
	미국의 베이글	밀가루, 소금, 설탕, 이스트, 식용유와 물 등의 재료로 만든 ❹(도넛, 잎사귀) 모양의 빵이다.

🔍 어휘 정리

1 빈칸에 알맞은 낱말을 보기 에서 찾아 쓰세요.

> ○보기○   대표   전파   재배

(1) 우리나라를 ( )하는 꽃은 무궁화이다.

(2) 농약을 사용하지 않고 ( )한 채소를 샀다.

(3) 인터넷을 통해 소식들이 빠르게 ( )되었다.

2 밑줄 친 부분과 관계있는 관용어에 ○표 하세요.

그 아이는 거짓말을 <u>자주 한다</u>.

(밥을 주다, 밥 먹듯 하다, 밥 구경을 하다)

비난과 어려움 속에 탄생한 장편 만화 영화 「백설 공주」

1 월트 디즈니는 이제 장편 만화 영화를 만들 시기라고 생각했어요. 그래서 그림 형제의 동화 「백설 공주」를 80분 정도 되는 장편 만화 영화로 만들기로 했어요. 이 사실이 알려지자 많은 사람이 월트를 어리석다고 비웃었어요. ㉮

"쯧쯧, 월트가 정신이 나간 모양이야. 누가 장편 만화 영화를 좋아한다고……."

"80분짜리 장편 만화 영화를 만들려면 엄청난 인력과 돈, 시간이 필요할 텐데 그게 가능하겠어?"

장편 만화 영화를 만들면 월트가 지금까지 「미키 마우스」를 비롯한 여러 편의 단편 만화 영화를 만들면서 이룬 성공이 물거품이 될 수도 있었어요. 하지만 월트는 눈도 깜짝 안 했어요. ㉯

2 「백설 공주」를 장편 만화 영화로 만드는 과정은 생각보다 힘들었어요. 월트는 직접 여기저기 돌아다닌 끝에 자신이 머릿속에 그려 둔 백설 공주의 모습과 비슷한 소녀를 찾아내 밑그림을 그리도록 했어요. 또 여러 날 동안 수많은 소녀의 목소리를 듣고 백설 공주에게 어울리는 목소리를 찾아냈어요. ㉰ 작업이 끝나 갈 쯤에는 돈이 부족했어요. 일 년여 동안 월트의 형 로이가 여기저기에서 돈을 얻어 왔지만 더 이상 구할 수 없었던 거예요. 로이가 절망에 빠져 있자 월트는 투자금을 구하기 위해 은행으로 달려가 임원 한 명을 스튜디오로 데려왔어요. 그리고 아직 완성되지 않은 「백설 공주」를 보여 주었어요. 다행히 은행 임원이 훌륭한 만화 영화라고 하며 돈 문제를 해결해 주었어요. ㉱

3 1937년 12월, 드디어 장편 만화 영화 「백설 공주」가 영화관에서 처음으로 상영되었어요. 영화가 끝난 뒤 모든 관객이 일어나 박수갈채를 보냈어요. 비평가들도 입을 모아 걸작이라고 칭찬했어요. 이후 「백설 공주」는 미국뿐만 아니라 세계 여러 나라의 영화관에서도 상영되었는데 관람객이 ㉠끊이지 않았어요. 그야말로 대성공을 거둔 것이었어요. ㉲

* 눈도 깜짝 안 하다: 조금도 놀라지 않고 태연하다.
* 투자금: 이익을 얻기 위해 어떤 일이나 사업에 댄 자금.
* 비평가: 사물의 가치, 좋은 점과 나쁜 점, 뛰어난 점과 부족한 점 등을 평가하는 일을 전문으로 하는 사람.
* 입을 모으다: 여러 사람이 같은 의견을 말하다.
* 걸작: 매우 훌륭한 작품.

1
이 글은 어떤 인물에 대한 전기문인지 쓰세요.

(   )

2
㉠을 바르게 고쳐 쓰세요.

(   )

3 추론
㉮~㉺ 중 다음 내용이 들어가기에 알맞은 곳의 기호를 쓰세요.

> 못된 왕비와 일곱 난쟁이의 목소리를 찾는 것도 쉽지 않았어요. 결국 한 명의 난쟁이는 어울리는 목소리를 찾지 못해 말 못 하는 난쟁이로 만들었지요.

(   )

☆ **1**~**3**의 내용과 연결 지어 생각해 봐.

4 내용 이해
이 글의 내용으로 알맞지 <u>않은</u> 것을 두 가지 고르세요. (   )

① 비평가들은 장편 만화 영화 「백설 공주」에 대해 실망스럽다고 평가했다.
② 월트가 장편 만화 영화를 만들기로 했다는 사실이 알려지자 많은 사람이 월트를 응원했다.
③ 장편 만화 영화 「백설 공주」는 미국뿐만 아니라 세계 여러 나라의 영화관에서도 상영되었다.
④ 로이는 일 년여 동안 장편 만화 영화 「백설 공주」를 만들기 위한 돈을 여기저기에서 얻어 왔다.
⑤ 월트는 자신이 머릿속에 그려 둔 백설 공주의 모습과 비슷한 소녀를 찾아내기 위해 직접 여기저기 돌아다녔다.

5 이 글에 나타난 월트의 성격은 어떠한가요? (   )

① 경솔하고 변덕스럽다.

② 겸손하고 부지런하다.

③ 의지가 강하고 적극적이다.

④ 겁이 많고 자신감이 부족하다.

⑤ 남의 말을 잘 믿지 않고 우유부단하다.

☆ 월트가 한 말과 행동을 통해 월트의 성격을 짐작할 수 있어.

6 이 글의 중심 생각을 바르게 정리한 것에 ○표 하세요.

주제

(1) 　장편 만화 영화를 만들기 위해서는 많은 인력과 돈, 시간이 필요하다.　　　　　　　　　　　　　　　　　　　　　　　　　　(　　)

(2) 　월트 디즈니는 「미키 마우스」를 비롯한 여러 편의 단편 만화 영화를 만들었다.　　　　　　　　　　　　　　　　　　　　　(　　)

(3) 　월트 디즈니는 사람들의 비난과 온갖 어려움을 이겨 내고 장편 만화 영화 「백설 공주」를 만들어 대성공을 거두었다.　　　(　　)

7 이 글과 관련해 더 알고 싶은 내용으로 알맞지 <u>않은</u> 것은 무엇인가요? (   )

추론

① 월트 디즈니의 가족 이야기

② 월트 디즈니의 어린 시절 이야기

③ 만화 영화를 좋아하는 사람들의 특징

④ 월트 디즈니가 「백설 공주」 다음으로 만든 만화 영화 작품

⑤ 우리나라에서 월트 디즈니가 만든 「백설 공주」가 최초로 상영된 때

⭐ 빈칸에 알맞은 말을 쓰거나 ○표를 하여 오늘 읽은 글의 내용을 정리해 보세요.

장편 만화 영화 「백설 공주」	만들기 전	월트가 ❶(단편, 장편) 만화 영화를 만들기로 했다는 사실이 알려지자 많은 사람이 월트를 비웃었다.
	만들 때	백설 공주의 모습과 비슷한 소녀를 찾는 것과 백설 공주에게 어울리는 목소리를 찾아내는 것이 어려웠고, 작업이 끝나갈 쯤에는 ❷( )도 부족해 힘들었다.
	만든 후	걸작으로 평가받으며 ❸(대성공, 실패)을/를 거두었다.

어휘 정리

1 다음 문장에 알맞은 낱말을 (   ) 안에서 골라 ○표 하세요.

(1) 새로운 제품을 만들기 위해 (인력, 권력)을 증원했다.

(2) 새로 뽑힌 각 반의 (임원, 직원)이 전교 어린이회에 참석했다.

(3) 그림을 본 사람들은 하나같이 (걸작, 졸작)이라며 칭찬을 아끼지 않았다.

2 빈칸에 알맞은 관용어를 ○보기○에서 찾아 쓰세요.

> ○ 보기 ○   입을 모았다   눈도 깜짝 안 했다

(1) 언니는 큰 개가 으르렁거리며 짖어도 (   ).

(2) 친구들은 갯벌로 현장 체험 학습을 가고 싶다고 (   ).

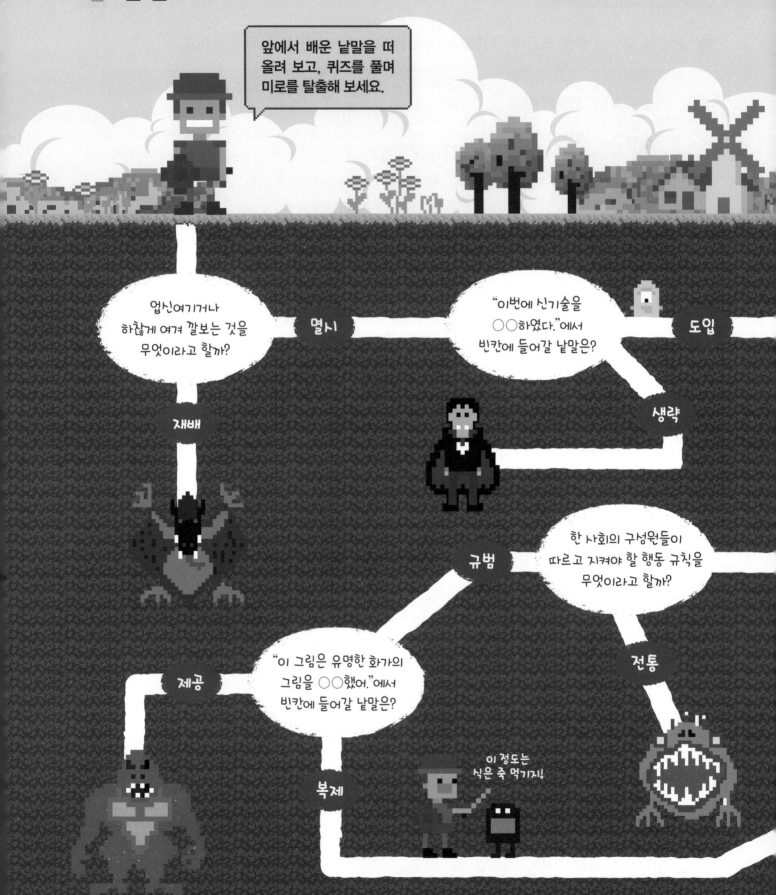

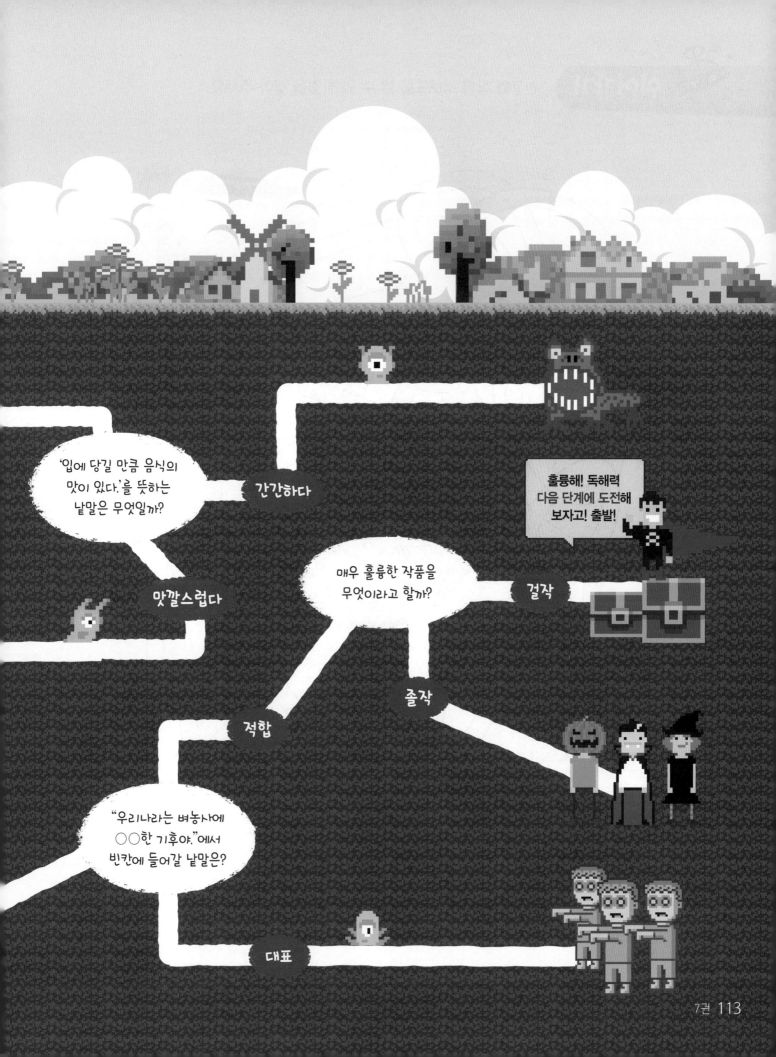

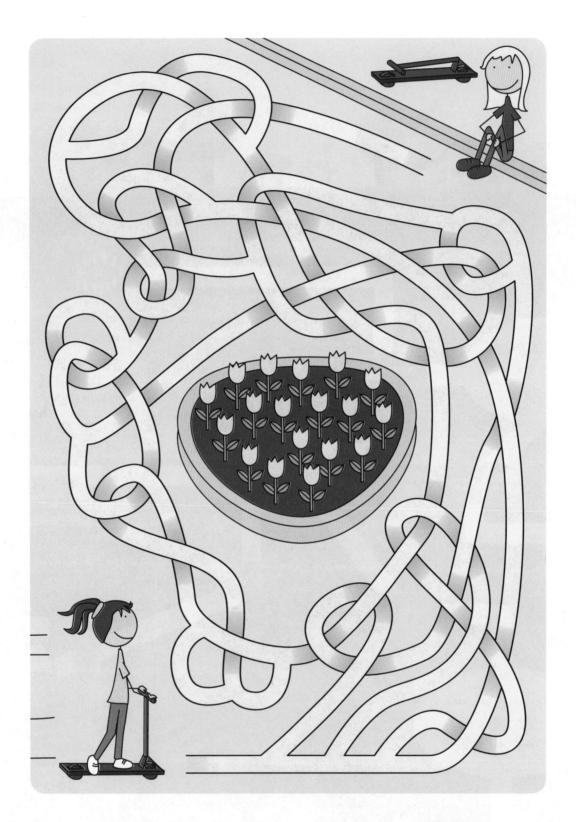

정답 및 해설 16쪽에서 확인하세요.

의견이 담긴 글

의견이 담긴 글에는 주장하는 글, 제안하는 글, 부탁하는 글, 광고 등이 있어요. 의견이 담긴 글은 글쓴이의 의견과 그 까닭을 파악하고, 글의 짜임, 근거를 든 방법 등도 함께 파악하며 읽어야 해요. 또 내용의 타당성을 판단하거나 글쓴이의 관점을 비판해 보는 것도 좋아요.

23 **DAY**

글의 제목은 '아, 이 글은 이런 내용을 말하고 싶은 거구나!' 할 정도로 핵심적인 내용으로 정하지. 의견이 담긴 글에서는 **글쓴이의 의견이나 주장을 제목으로 하는데,** '~하자!' 또는 '~할 것인가?'와 같은 문장의 형식으로도 쓴단다.

예시 문제   다음 빈칸에 들어갈 글의 제목으로 알맞은 것은 무엇인가요? (   )

기침이나 재채기를 할 때 그냥 하거나 입을 손으로 막고 하는 친구가 있나요? 이것은 올바른 기침 예절이 아니에요. 이렇게 하면 기침과 재채기를 할 때 나오는 침방울을 완전히 막을 수 없어서 다른 사람에게 병을 옮길 수 있어요. <u>자신과 다른 사람의 건강을 위해 기침 예절을 지켜야 해요.</u> 기침 예절을 지키려면 어떻게 해야 할까요?

글쓴이의 주장

첫째, 기침이나 재채기를 할 때 휴지나 손수건으로 코와 입을 가려야 해요. 휴지나 손수건이 없다면 옷소매로 코와 입을 가리고 기침이나 재채기를 해야 해요. 그리고 기침이나 재채기가 계속 나오면 마스크를 써야 해요.

둘째, 기침이나 재채기를 하고 난 후에는 꼭 손을 씻어야 해요. 손을 씻을 때에는 비누를 사용해 흐르는 물에 30초 이상 씻어야 해요.

기침 예절을 잘 지키는 것은 자신의 건강을 지키기 위한 행동이면서 다른 사람을 위한 배려예요. 이 점을 꼭 기억하여 기침 예절을 지키도록 해요.

---

① 손을 자주 씻자
② 기침 예절을 지키자
③ 병에 걸리지 않도록 조심하자
④ 기침이나 재채기를 하지 말자
⑤ 휴지와 손수건을 가지고 다니자

연습 문제 1 **다음 글의 제목은 무엇일지 (   ) 안에서 알맞은 낱말을 골라 ○표 하세요.**

가을이 되면 길가의 은행나무를 뽑아 달라거나 다른 나무로 바꿔 달라는 요청이 증가한다. 은행나무 열매에서 고약한 냄새가 난다는 이유에서이다. 하지만 약간의 불편함 때문에 은행나무가 가진 장점을 잊어서는 안 된다.

은행나무는 *도심 속 공기를 맑게 해 준다. 은행나무는 많은 양의 산소를 만들어 내고 미세 먼지, 매연 같은 오염 물질을 흡수하는 능력이 뛰어나다. 또 은행나무는 *병충해가 거의 없다. 은행나무는 나무에 병을 일으키는 곰팡이와 해충에 강해 살균제나 농약 등을 뿌리지 않아도 건강하게 잘 자란다.

*도심: 도시의 중심.
*병충해: 농작물이 병과 해충으로 인하여 입은 피해.

• 은행나무의 (이로움, 해로움)

연습 문제 2 **다음 글의 제목으로 알맞지 않은 것에 ×표 하세요.**

고민이 생겼을 때 문제를 스스로 해결하는 능력을 키우기 위해 고민을 혼자 해결하는 것이 좋다고 말하는 친구들이 있다. 하지만 고민은 다른 사람과 이야기하며 해결하는 것이 바람직하다.

그 까닭은 자신의 고민에 대해 다른 사람과 이야기하면서 객관적으로 생각해 볼 수 있기 때문이다. 고민을 해결하려면 고민에 대해 정확히 파악하는 것이 중요하다. 그런데 고민을 혼자 해결하려고 하면 자신의 생각에 갇혀 해결은커녕 더 많은 고민에 빠질 수도 있다. 하지만 다른 사람에게 자신의 고민을 털어놓고 함께 이야기하면 다른 사람의 입장에서 생각해 볼 수 있다.

(1) 고민을 혼자 해결하는 것이 좋을까?   (   )

(2) 고민을 해결하는 바람직한 방법은 무엇인가?   (   )

(3) 어린이의 고민을 해결해 주는 기관이 필요한가?   (   )

비법

짜임 >> 주장하는 글의 짜임 파악하기

주장하는 글은 '서론, 본론, 결론'의 세 부분으로 짜여 있어.

(서론)에는 **글을 쓰게 된 문제 상황과 글쓴이의 주장**이,

(본론)에는 **글쓴이의 주장에 대한 까닭이나 근거**가,

(결론)에는 **글의 내용을 요약하고 주장을 다시 한번 강조하는 내용**이 들어가지.

보통 주장하는 글은 해결할 문제와 그에 대한 해결 방법을 제시하는 '**문제와 해결 짜임**'이 많아.

예시 문제

1~**4**문단을 주장하는 글의 짜임에 맞게 나눈 것의 기호를 쓰세요.

1 몇 해 전부터 더 많은 사람이 예술품을 즐길 수 있도록 예술품 복제를 허용해야 한
_{글을 쓰게 된 문제 상황}
다는 주장이 나오고 있다. 하지만 예술품 복제를 허용해서는 안 된다. 그 까닭은 다음과
_{글쓴이의 주장}
같다.

2 첫째, 복제품은 작가의 창작 의욕을 떨어뜨린다. 값싼 복제품이 많이 나오면 사람들
_{글쓴이의 주장에 대한 까닭 ①}
은 굳이 진짜 예술품을 사려고 하지 않는다. 그러면 진짜 예술품을 만드는 작가는 경제
적 어려움을 겪을 뿐만 아니라 새로운 작품을 만들고 싶은 마음이 사라질 수밖에 없다.

3 둘째, 예술품을 사고팔 때 혼란이 생긴다. 진짜 예술품과 복제품이 함께 존재하면
_{글쓴이의 주장에 대한 까닭 ②}
어느 것이 진짜인지에 대해 다투는 일이 많아진다. 더 나아가 사람들이 모든 예술품을
믿지 못하는 상황까지 벌어질 수도 있다.

4 예술품 복제를 허용하면 작가의 창작 의욕을 떨어뜨리고 예술품을 사고팔 때 혼란
_{글의 내용을 요약함.}
이 생긴다. 예술의 대중화라는 이유로 예술품 복제를 허용해서는 안 된다.
_{주장을 다시 한번 강조함.}

	서론	본론	결론
㉮	**1**	**2**	**3**, **4**
㉯	**1**	**2**, **3**	**4**
㉰	**1**, **2**	**3**	**4**

(   )

다음은 주장하는 글의 짜임 중 어느 부분에 해당하는지 ○표 하세요.

> 첫째, 수학과 영어를 잘하는 친구들과 못하는 친구들로 나누어 수업을 하면 친구들 사이에 *위화감이 생길 수 있습니다. 수학과 영어를 잘하는 친구들은 자랑스러운 마음이 들겠지만 수학과 영어를 못하는 친구들은 창피하고 자존심이 상해 잘하는 친구들과 어울리는 것이 어려워집니다.
>
> 둘째, 수준별로 반을 나누어 수업하는 방식은 학습 효과가 낮습니다. 2010년에 ○○ 대학교에서 발표한 자료에 따르면, 수학과 영어 학업 능력이 낮은 학생들 중 수준별로 나누어 수업한 학생들이 수준별로 나누지 않고 수업한 학생들보다 점수가 더 낮게 나왔습니다.
>
> * 위화감: 서로 어울리지 않고 어색한 느낌.

(1) 서론 (   )

(2) 본론 (   )

(3) 결론 (   )

다음 글의 짜임으로 알맞은 것에 ○표 하세요.

> 해마다 반려견이 사람을 무는 사고가 증가하고 있다. 최근에는 반려견에 물린 사람이 숨지는 일까지 일어났다.
>
> 반려견이 사람을 무는 사고를 예방하려면 산책할 때 반려견에 입마개를 씌워야 한다. 목줄을 채우는 것만으로는 반려견이 사람을 무는 사고를 예방하기에 부족하다. 개가 갑자기 사람에게 달려드는 상황을 예측하기 어렵고, 주인이 개의 목줄을 놓칠 수도 있기 때문이다. 또 반려견에 살짝 물리는 것은 괜찮다고 생각할 수 있으나, 면역력이 약한 어린이나 노인은 개에 살짝 물리기만 해도 세균에 감염되어 생명이 위험해질 수 있다.

(1) 시간의 순서에 따른 순서 짜임 (   )

(2) 두 대상의 공통점을 설명하는 비교 짜임 (   )

(3) 해결할 문제와 해결 방법을 제시하는 문제와 해결 짜임 (   )

비법 추론 >> 주장에 어울리는 근거 찾기

주장에 어울리는 근거를 찾으려면 일단 글쓴이가 어떤 주장을 하는지 알아야겠지? 주장에 밑줄 쫙!

그다음 그 **주장과 관련이 있으면서 덧붙일 만한 근거를 찾는 거야.** 이미 글에 제시되어 있는 근거들도 살펴보고, 문제에 제시된 근거가 <u>주장을 설득력 있게 뒷받침해 주는지</u> 생각해 봐.

근거는 모름지기 <u>주장을 뒷받침하는 내용</u>이어야 한다는 것을 꼭 기억해!

예시 문제 다음 글에 덧붙일 근거로 알맞은 것을 두 가지 고르세요. (   )

> 학교에서 실시하는 초등학생 신체검사 결과에 따르면 비만인 어린이가 해마다 증가하고 있다. 어린이 비만은 키가 자라는 것을 방해하고 각종 질병을 일으키며 어른이 되어서도 비만이 이어진다는 점에서 위험하다. <u>어린이 비만을 예방하기 위해 올바른 생활습관을 가져야 한다.</u>
> 글쓴이의 주장
>
> 첫째, <u>식사를 규칙적으로 한다.</u> 식사를 불규칙적으로 하면 살이 찌기 쉽고 건강을 해
> 주장을 뒷받침하는 근거 ①
> 치게 된다. 식사를 거르면 그다음에 더 많은 양을 먹게 되어 좋지 않다.
>
> 둘째, <u>채소를 많이 먹는다.</u> 채소는 섬유소가 많아 적게 먹어도 배가 부른 느낌을 준
> 주장을 뒷받침하는 근거 ②
> 다. 게다가 비타민 등이 풍부해서 몸에 좋다.
>
> 셋째, <u>음식을 작은 그릇에 담아 천천히 먹는다.</u> 우리 몸은 식사를 하고 20분쯤 지나
> 주장을 뒷받침하는 근거 ③
> 야 배가 부르다고 느낀다. 따라서 음식을 작은 그릇에 담아 천천히 씹어 먹으면 과식을
> 막을 수 있어 비만을 예방할 수 있다.

① 규칙적으로 운동을 한다.
② 독감 예방 주사를 맞는다.
③ 친구를 헐뜯는 말을 하지 않는다.
④ 살이 빠질 때까지 무조건 굶는다.
⑤ 탄산음료를 되도록 마시지 않는다.

연습 문제 1   다음 글에 주어진 근거를 덧붙일 수 <u>없는</u> 까닭을 골라 ○표 하세요.

> 자외선은 태양에서 나오는 빛 중의 하나로, 여름철에 특히 강하다. 자외선은 세균을 죽이고 우리 몸에 필요한 비타민 D를 만든다. 하지만 자외선을 오래 쬐면 눈이 손상되고 피부에 암이 유발되는 등 건강에 해롭다. 자외선으로부터 내 몸을 보호해야 한다. 그러기 위해서 지켜야 할 점은 다음과 같다.
>
> 첫째, 외출할 때 자외선 차단제를 바른다. 자외선 차단제는 외출하기 15~30분 전에 햇빛이 직접 닿는 피부에 꼼꼼히 발라 준다. 그리고 자주 덧발라 준다.

> 음식이 상한 것이 의심되면 먹지 않는다.

(1) 근거가 주장과 관련 없어서   (   )

(2) 근거를 한 개밖에 덧붙이지 않아서   (   )

(3) 문장에 어울리지 않는 낱말을 사용해서   (   )

연습 문제 2   다음 주원이의 의견에 덧붙일 근거로 알맞은 것에 모두 ○표 하세요.

> 주원: 친구 사이에는 거짓말을 하면 안 됩니다. 왜냐하면 우정은 정직과 믿음을 바탕으로 쌓여 가는 것이기 때문입니다. 좋은 내용이든, 나쁜 내용이든 친구를 속이지 않고 진실을 말할 때 친구 관계는 깨지지 않고 계속 이어질 수 있습니다.

(1) 친구를 위해 한 거짓말이 반드시 좋은 결과를 가져오는 것은 아니기 때문입니다.
                                                                (   )

(2) 좋은 의도로 하는 선의의 거짓말은 친구 관계를 유지하는 데 도움이 되기 때문입니다.   (   )

(3) 친구를 위한 거짓말을 자꾸 하다 보면 친구에게 해가 되는 거짓말도 스스럼없이 하게 될 수도 있기 때문입니다.   (   )

비법

주장에 대한 근거를 뒷받침하기 위해서 제시한 실험 결과, 조사 결과, 신문 기사 등이 적절한지 판단해 봐. 또 근거를 자세히 설명하거나 예를 든 부분 또는 전문가의 말 등을 인용한 부분을 살펴보고 이게 과연 적절한지 생각해 보는 거야. 적절한지 판단할 때는 <u>근거와 관련이 있는지, 믿을 만한지, 자료의 출처는 분명한지</u> 등을 따져 봐.

예시 문제 ㉠에 대해 바르게 평가한 친구의 이름을 쓰세요.

요즘 반려 식물을 키우는 것이 유행이다. 식물을 단순히 감상하기 위해 키우는 것이 아니라 반려동물처럼 마음을 주고받기 위해 식물을 키우는 사람들이 늘어나고 있는 것이다. <u>또 하나의 가족이나 친구가 될 수 있는 식물을 키워 보자.</u> 식물을 키우면 좋은 점
글쓴이의 주장
이 많다.

첫째, <u>식물을 키우면 어린이가 폭력적인 언어를 사용하는 일이 줄어든다.</u> ㉠2016년
글쓴이의 주장에 대한 근거
에 농촌 진흥청이 발표한 자료에 따르면 식물 키우기 프로그램에 참가한 초등학생의 언
근거를 뒷받침하는 내용
어 폭력성이 프로그램에 참가하기 전보다 감소했다고 한다. 반면 같은 기간 동안 식물
키우기 프로그램에 참가하지 않은 초등학생의 언어 폭력성은 더 심해졌다고 한다.

형빈: 식물을 키우는 방법을 자세히 설명했으므로, 뒷받침 문장으로 적절해.
동주: 글쓴이가 식물과 마음을 주고받는 상황을 상상한 내용이므로, 뒷받침 문장으로 적
  절하지 않아.
민아: 식물 키우기가 어린이의 폭력적인 언어 사용을 줄인다는 내용과 관련이 있고 자료
  의 출처가 분명하므로, 뒷받침 문장으로 적절해.

(   )

㉠이 뒷받침 문장으로 적절하지 <u>않은</u> 까닭에 ○표 하세요.

> 성평등이란 남성과 여성의 차이를 인정하고 그것으로 인한 차별이 일어나지 않도록 하는 것을 말한다. 요즘 우리나라는 사회, 문화, 교육 등 여러 방면에 [*]뿌리 깊이 박혀 있는 남녀 차별을 없애고 성평등을 이루기 위해 애쓰고 있다. 하지만 가정에서는 여전히 남녀 차별이 존재한다. 가정에서도 성평등을 이루기 위해 애써야 한다. 그러기 위해 노력할 점은 다음과 같다.
>
> 첫째, 남자아이와 여자아이의 놀이를 구분하지 말자. <u>㉠2015년 통계청이 발표한 자료에 따르면, 엄마 아빠가 모두 일을 하는 가정의 경우 하루 평균 집안일을 하는 시간이 엄마는 3시간 이상인 데 비해 아빠는 40분 정도라고 한다.</u>
>
> *뿌리 깊다: 굳게 자리 잡을 만큼 생긴 지 오래 되다.

⑴ 문장의 길이가 길어서 ( )

⑵ 근거와 관련 없는 내용이어서 ( )

⑶ 자료의 출처가 분명하지 않아서 ( )

㉠을 고쳐 쓰는 방법으로 알맞은 것에 ○표 하세요.

> 엄마 아빠, 제 용돈을 올려 주셨으면 좋겠어요.
>
> 제가 이런 부탁을 드리는 까닭은 요즘 음식값과 물건값 등이 많이 올랐기 때문이에요. <u>㉠제 친구는 용돈 사용 계획을 세워 짜임새 있게 쓰니까 돈을 관리하는 능력이 길러졌어요.</u>
>
> 또 제 용돈이 반 친구들보다 적은 편이기 때문이에요. 제가 일주일에 받는 용돈은 삼천 원인데 우리 반 친구들은 대부분 오천 원을 받아요. 오천 원 이상을 받는 친구들도 있고요.

⑴ 용돈을 올려 달라는 말을 반복해서 쓴다. ( )

⑵ 용돈의 필요성에 대해 말한 전문가의 의견을 인용한다. ( )

⑶ 용돈은 적은데 음식값과 물건값 등이 올라서 힘들다는 내용으로 고친다. ( )

┌─────────────────┐
│ ㉠ │
└─────────────────┘

1 올림픽과 같이 세계 여러 나라의 선수가 한자리에 모이는 운동 경기를 보면 종종 첨단 스포츠 장비들이 등장한다. 첨단 스포츠 장비란 선수들의 *기량이나 *경기력을 향상시키는 데 도움이 되도록 첨단 과학 기술로 만든 스포츠 장비로, 신발, 수영복, 장대 등이 있다. 첨단 스포츠 장비를 사용하면 선수의 단점이 보완되어 선수가 인간의 한계를 뛰어넘는 기록을 세우는 데 도움이 된다. 하지만 첨단 스포츠 장비가 운동 경기의 참다운 모습을 잃게 한다는 논란이 계속되고 있다. 운동 경기에서 첨단 스포츠 장비를 사용해서는 안 된다. 그 까닭은 다음과 같다.

2 첫째, 첨단 스포츠 장비를 사용한 경기는 진정한 운동 경기가 아니다. 운동 경기는 선수들의 신체적 능력과 운동 기술을 겨루는 것이지, 첨단 스포츠 장비의 기술력을 겨루는 것이 아니다. 2008년 베이징 올림픽 때 미국과 호주의 선수들이 특수 수영복을 입고 세계 신기록을 세웠고, 2009년에 열린 수영 대회에서도 특수 수영복을 입은 선수들이 세계 신기록을 쏟아 냈다. 당시 사람들은 선수들의 기량과 노력보다 선수들이 입은 특수 수영복에 더 관심을 가졌다. 인간이 가진 능력 이상의 기록이 나오고, ㉡*나그네가 주인 노릇 하는 상황이 벌어지자 결국 국제 수영 연맹은 2010년부터 선수들의 특수 수영복 착용을 금지했다.

3 둘째, 공정한 경쟁이 이루어지지 못한다. 첨단 스포츠 장비는 값이 매우 비싸서 특정 선수를 위해 나라나 기업에서 많은 지원을 해 주어야 한다. 따라서 ㉢첨단 스포츠 장비는 돈이 많은 나라나 기업의 지원을 받는 선수들만 사용할 수 있고 가난한 나라나 기업의 지원을 받지 못하는 선수들은 사용할 수 없어 불리한 경쟁을 할 수밖에 없다. 이것은 스포츠 정신 중의 하나인 공정성을 해치는 일이며, 운동 경기에서조차 빈부 차이가 벌어지는 상황을 만든다.

4 운동 경기는 선수들이 순수한 기량과 기술을 공정하게 겨룰 때 사람들에게 즐거움과 감동을 준다. 운동 경기의 참다운 모습과 스포츠 정신을 지키기 위해 운동 경기에서 첨단 스포츠 장비를 사용하지 말자.

---

* 기량: 기술상의 재주.
* 경기력: 운동선수나 팀이 운동 경기를 해 나가는 능력.
* 나그네가 주인 노릇 한다: 주객이 전도된 경우를 비유적으로 이르는 말.

1

주제

㉠에 들어갈 이 글의 제목으로 알맞은 것은 무엇인가요? (   )

① 운동 경기를 자주 열자

② 선수들의 노력을 칭찬하자

③ 첨단 스포츠 장비를 사용하지 말자

④ 첨단 스포츠 장비 개발을 서두르자

⑤ 첨단 스포츠 장비로 인간의 한계를 뛰어넘자

2

짜임

이 글을 주장하는 글의 짜임에 맞게 나눌 때 다음 부분에 해당하는 문단의 번호를 쓰세요.

서론	본론	결론
(1)	(2)	(3)

3

내용 이해

이 글에 나타난 첨단 스포츠 장비의 좋은 점은 무엇인가요? (   )

① 값이 싸다.

② 선수들을 위험으로부터 보호해 준다.

③ 운동 경기를 즐기는 사람들이 많아진다.

④ 선수들의 기량이나 기술의 차이를 잘 보여 준다.

⑤ 선수가 인간의 한계를 뛰어넘는 기록을 세우는 데 도움이 된다.

4

어휘·표현

㉡에서 '나그네'와 '주인'은 각각 무엇을 빗댄 표현인지 찾아 쓰세요.

(1) 나그네: (   )

(2) 주인: (   )

5

ⓒ에 대해 바르게 평가한 친구에게 ○표 하세요.

(1) 윤하: 첨단 스포츠 장비가 발전해 온 과정을 설명한 것이므로, 뒷받침 문장으로 적
절하지 않아.   (   )

(2) 동준: 첨단 스포츠 장비를 사용하지 않아 피해를 입은 선수를 예로 들었으므로, 뒷
받침 문장으로 적절해.   (   )

(3) 규선: 운동 경기에서 첨단 스포츠 장비를 사용하면 왜 공정한 경쟁이 이루어지지
못하는지 자세히 설명했으므로, 뒷받침 문장으로 적절해.   (   )

6

이 글에 덧붙일 근거로 알맞은 것은 무엇인가요? (   )

① 첨단 스포츠 장비는 선수들을 위험으로부터 보호한다.
② 운동 경기의 목표는 신기록을 세우고 승리하는 데 있다.
③ 첨단 스포츠 장비를 사용하여 세운 기록은 가치가 없다.
④ 첨단 스포츠 장비를 사용하면 스포츠 과학이 발전하게 된다.
⑤ 첨단 스포츠 장비는 우리나라가 스포츠 강국이 되는 데 도움이 된다.

7

글쓴이와 다음 기사문에 나오는 국제 육상 경기 연맹이 공통으로 중요하게 여기는 가
치는 무엇인가요? (   )

> 2019년 5월, 국제 육상 경기 연맹은 러시아의 육상 선수 크세니아 사비나에게
> 앞으로 12년 동안 선수 자격이 정지된다는 징계를 내렸다. 국제 육상 경기 연맹이
> 이와 같이 결정한 까닭은 사비나가 경기력을 향상시키는 금지 약물을 먹어 불공정
> 한 경기를 했고, 금지 약물을 먹었는지 검사하기 위한 소변 샘플을 조작하려고 했
> 기 때문이다.

① 승리   ② 겸손함   ③ 도전성
④ 공정성   ⑤ 참을성

☆ 글쓴이가 운동 경기에서 첨단 스포츠 장비를 사용해서는 안 된다고 한 까닭과 국제 육상 경기 연맹이 크세니아 사비나
에게 징계를 내린 까닭의 공통점을 생각해 봐.

📖 내용 정리

⭐ 빈칸에 알맞은 말을 쓰거나 ○표를 하여 오늘 읽은 글의 내용을 정리해 보세요.

서론	문제 상황	첨단 스포츠 장비가 운동 경기의 참다운 모습을 ❶(잃게 한다, 지켜 준다)는 논란이 계속되고 있다.
	주장	운동 경기에서 ❷( )을/를 사용해서는 안 된다.
본론		• 첨단 스포츠 장비를 사용한 경기는 진정한 운동 경기가 아니다. • ❸( ) 경쟁이 이루어지지 못한다.
결론		운동 경기에서 첨단 스포츠 장비를 사용하지 말자.

🔍 어휘 정리

1 빈칸에 알맞은 낱말을 ○보기○에서 찾아 쓰세요.

> ○ 보기 ○   기량   지원   한계

⑴ 구청에서 가난한 사람들에게 생활비 (   )을/를 하고 있다.

⑵ 마라톤 선수는 체력의 (   )을/를 느끼고 달리는 것을 포기했다.

⑶ (   )이/가 뛰어난 우리나라 선수가 레슬링 종목에서 금메달을 땄다.

2 빈칸에 들어갈 알맞은 관용어에 ○표 하세요.

> 육상 경기에서 한 선수가 [   ](으)로 이겼다.

⑴ 물과 기름	⑵ 간발의 차이	⑶ 빙산의 일각
( )	( )	( )

1 인터넷 실명제는 자신의 실제 이름이나 주민 등록 번호를 밝히고 인터넷에 글을 쓸 수 있도록 한 제도이다. 우리나라는 2007년에 인터넷 실명제를 실시했다가 자신의 생각을 자유롭게 표현할 수 있는 권리를 *침해한다는 이유로 2012년에 폐지했다. 그런데 인터넷을 통한 각종 범죄가 나날이 심각해짐에 따라 ㉠이 제도를 부활시켜야 한다는 목소리가 높다. 인터넷 실명제를 다시 실시해야 한다. 인터넷 실명제를 실시하면 다음과 같은 점이 좋다.

2 첫째, 악성 댓글로 인한 피해를 줄일 수 있다. 현재는 자신을 밝히지 않고도 인터넷에 글을 쓸 수 있다 보니 인터넷 게시판과 기사에는 욕설과 비난이 담긴 악성 댓글이 넘쳐난다. 그리고 악성 댓글에 시달리다가 사람이 죽는 일도 일어난다. 인터넷 실명제를 실시하면 자신의 말과 행동에 책임감을 느껴 보다 신중하게 글을 쓰게 된다. 그러면 악성 댓글 때문에 상처를 입거나 고통을 받는 사람이 줄어들 수 있다. ㉡2008년에 방송 통신 위원회가 제출한 자료에 따르면 전체 댓글 중 악성 댓글이 차지하는 수가 인터넷 실명제를 실시하기 전에는 100개 중 약 14개꼴이었는데, 인터넷 실명제를 실시한 후에는 100개 중 13개꼴로 별 차이가 없었다.

3 둘째, 사이버 범죄를 수사하는 데 도움이 된다. 사이버 범죄에는 다른 사람의 컴퓨터 시스템에 침입해 저장된 정보나 프로그램을 없애거나 망가뜨리거나 복사하는 '해킹', 저작권자의 허락 없이 글, 음악, 사진 등의 디지털 콘텐츠를 사용하거나 퍼뜨리는 '저작권 침해', 온라인에서 물건값을 받은 뒤에 물건을 보내지 않는 '전자 상거래 사기', 다른 사람의 명예를 떨어뜨리는 글이나 사진 등을 인터넷상에 올리거나 퍼뜨리는 '사이버 명예 훼손' 등이 있으며 그 피해도 매우 크다. 또한 사이버 범죄는 인터넷의 *익명성 때문에 범죄를 저지른 사람을 잡는 데 어려움이 많다. 인터넷 실명제를 실시하면 사이버 범죄를 *발 빠르게 수사할 수 있고, 예방할 수도 있다.

---

*침해한다는: 침범하여 해를 끼친다는.
*익명성: 어떤 행위를 한 사람이 누구인지 드러나지 않는 특성.
*발 빠르다: 알맞은 조치를 신속히 취하다.

1 주제

이 글의 제목으로 알맞은 것을 모두 고르세요. (   )

① 인터넷 실명제의 이로움
② 인터넷 실명제의 문제점
③ 인터넷 실명제의 필요성
④ 인터넷 실명제를 폐지하자
⑤ 인터넷 실명제를 다시 실시하자

2 내용 이해

㉠이 가리키는 것은 무엇인지 쓰세요.

(   )

3 비판

다음은 ㉡이 뒷받침 문장으로 적절한지 평가한 것입니다. 알맞은 말에 ○표 하세요.

㉡은 인터넷 실명제를 실시하면 악성 댓글이 줄어드는 효과가 ⑴(있다, 없다)
는 것을 보여 주는 자료이므로, 뒷받침 문장으로 ⑵(적절하다, 적절하지 않다).

☆ ㉡이 첫째 근거를 잘 뒷받침할 수 있는 자료인지 생각해 봐.

4 내용 이해

이 글에서 말한 악성 댓글과 사이버 범죄의 공통된 원인은 무엇인가요? (   )

① 전문성   ② 강제성   ③ 편리성
④ 익명성   ⑤ 신속성

5

이 글에 덧붙일 근거로 알맞은 것은 무엇인가요? (   )

① 인터넷 속도가 훨씬 빨라진다.

② 인터넷에 믿을 만한 정보가 많아진다.

③ 자신의 생각을 자유롭게 표현할 수 없게 된다.

④ 이름, 주민 등록 번호 등의 개인 정보가 빠져나가 피해를 입을 수 있다.

⑤ 다른 사람의 디지털 콘텐츠를 함부로 사용한 사람을 쉽게 잡을 수 있다.

6

다음은 주장하는 글의 짜임상 어느 부분에 들어가야 하는지 알맞은 것에 ○표 하세요.

> 인터넷 실명제를 실시하면 악성 댓글로 인한 피해를 줄이고 사이버 범죄를 수사하는 데 도움이 된다. 바람직한 인터넷 문화를 만들기 위해 인터넷 실명제를 다시 실시하자.

(1) **1**문단 앞 (   )　　　　(2) **1**문단과 **2**문단 사이 (   )

(3) **2**문단과 **3**문단 사이 (   )　　(4) **3**문단 뒤 (   )

☆ 주어진 글이 주장하는 글의 짜임 중 어느 부분의 특징을 가지고 있는지 살펴봐.

7

적용·창의

다음과 같은 성하의 의견을 듣고 글쓴이가 했을 말로 알맞은 것에 ○표 하세요.

> 성하: 인터넷 실명제는 자신의 생각을 자유롭게 표현할 수 있다는 우리나라 헌법에 어긋나는 제도야. 인터넷의 익명성이 여러 가지 문제를 일으키더라도 표현의 자유는 보장되어야 해.

(1) 인터넷 실명제와 악성 댓글은 관계가 없어. 인터넷의 익명성 때문에 일어나는 문제는 다른 방법으로 해결해야 해. (   )

(2) 표현의 자유가 중요한 만큼 다른 사람의 권리와 명예도 중요해. 다른 사람의 권리와 명예에 해를 끼치는 표현의 자유는 제한하는 것이 마땅해. (   )

(3) 우리 사회가 발전하려면 사람들이 자유롭게 비판하고 의견을 나눌 수 있어야 해. 인터넷 실명제를 실시하면 사람들이 자기 생각을 표현하는 데 주저하게 될 거야.

(   )

☆ 인터넷 실명제에 대한 글쓴이의 생각을 확인하고, 글쓴이와 같은 생각에서 말한 것을 찾아봐.

내용 정리

★ 빈칸에 알맞은 말을 쓰거나 ○표를 하여 오늘 읽은 글의 내용을 정리해 보세요.

서론	문제 상황	인터넷을 통한 각종 범죄가 나날이 ❶(감소함, 심각해짐)에 따라 인터넷 실명제를 부활시켜야 한다는 목소리가 높다.
	주장	❷( )을/를 다시 실시해야 한다.
본론	• ❸( )(으)로 인한 피해를 줄일 수 있다. • 사이버 범죄를 수사하는 데 도움이 된다.	

어휘 정리

1 다음 문장에 알맞은 낱말을 ◦보기◦에서 찾아 쓰세요.

◦ 보기 ◦   수사   침해   폐지

(1) 저작권을 (   )한 사람은 저작권법에 따라 처벌을 받는다.

(2) 동네에서 자전거가 자꾸 없어지자 경찰이 (   )하기 시작했다.

(3) 시청률이 낮은 프로그램을 (   )하고 새 프로그램을 만들기로 했다.

2 빈칸에 들어갈 알맞은 관용어에 ○표 하세요.

공장에 불이 났지만 사람들의 [   ] 대처 덕분에 피해가 크지 않았다.

(1) 발 빠른
(   )

(2) 바닥을 기는
(   )

(3) 말만 앞세우는
(   )

㉠산불로 피해를 입은 사람을 돕자

최근 건조한 날씨와 강한 바람으로 인해 산불이 자주 발생하고 있습니다. 또 그 피해가 막대합니다. 산림청 자료에 따르면, 2019년 한 해에만 653건의 산불이 나서 축구장 4559개 면적에 해당하는 산림이 타 버렸고, 약 2700억 원의 피해가 발생했습니다. 이는 2009년부터 2018년까지 10년 동안 일어난 산불 피해를 한 해 평균으로 계산한 것과 비교했을 때 산불 건수는 1.5배, 피해 면적은 5배, 피해 금액은 11배에 달하는 수치입니다. 산불 예방에 힘써야 합니다.

산불을 예방하려면 무엇보다 산에 가는 사람들의 각별한 주의가 필요합니다. 산림청 자료에 따르면, 산불이 일어나는 가장 큰 원인 중 하나는 등산객, 약초나 나물을 캐는 사람들의 부주의 때문입니다. 따라서 ㉡산불 위험이 높아 등산이 금지된 곳에는 가지 않아야 합니다. 또 ㉢산에 갈 때에는 라이터,

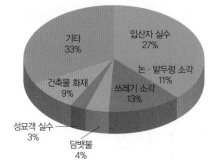

▲ 2019년 산불 발생 원인(출처: 산림청)

성냥 등을 가져가지 않고, 지정된 장소가 아닌 곳에서 *취사를 하거나 담배를 피우지 말아야 합니다. ㉣주변에 산불이 났음을 알리고, 바람이 부는 반대 방향이나 불길이 약한 방향으로 대피해야 합니다.

산속 또는 산과 가까운 곳에서 쓰레기나 *두렁을 태우는 일도 하지 않아야 합니다. 쓰레기 또는 논두렁이나 밭두렁을 태우는 동안 불씨가 바람에 날아가 대형 산불로 이어질 수 있기 때문입니다. 쓰레기나 논두렁, 밭두렁을 태워야 할 경우에는 반드시 해당 지역의 산림을 관리하는 관청의 허가를 받아야 합니다. 그래야 혹시라도 산불이 났을 때 신속하게 *진화를 할 수 있습니다.

산불로 훼손된 숲이 제 모습을 되찾기까지는 오랜 시간이 필요합니다. 우리 모두가 *신경 쓰고 조심하면 산불로부터 산림을 지킬 수 있습니다. 우리 모두 산불이 나지 않도록 힘씁시다.

* 취사: 끼니로 먹을 음식 따위를 만드는 일.
* 두렁: 논이나 밭 가장자리에 경계를 이룰 수 있도록 두두룩하게 만든 것.
* 진화: 불이 난 것을 끔.
* 신경 쓰다: 사소한 일에까지 세심하게 주의를 기울이다.

1

짜임

이 글의 짜임으로 알맞은 것은 무엇인가요? (   )

① 시간의 순서에 따른 순서 짜임

② 대상의 특징을 늘어놓는 나열 짜임

③ 두 대상의 공통점을 설명하는 비교 짜임

④ 두 대상의 차이점을 설명하는 대조 짜임

⑤ 해결할 문제와 해결 방법을 제시하는 문제와 해결 짜임

2

주제

이 글의 제목인 ㉠을 바르게 고친 것은 무엇인가요? (   )

① 불의 이로움   ② 숲이 주는 고마움

③ 산불 예방에 힘쓰자   ④ 등산은 건강에 좋은가

⑤ 등산할 때 예절을 지키자

☆ 주장하는 글의 제목은 대부분 글쓴이의 주장을 담고 있어.

3

내용 이해

글쓴이가 생각하는 문제 상황은 무엇인지 빈칸에 알맞은 말을 쓰세요.

최근 (1) (   )이/가 자주 발생하고 있고, 그 (2) (   )이/가 막대하다.

4

비판

㉡~㉣ 중 다음 평가와 관련 있는 문장의 기호를 쓰세요.

(1) 산에 가는 사람들이 주의할 점을 제시한 것이므로, 뒷받침 문장으로 적절하다.

(   )

(2) 산에 가는 사람들이 주의할 점으로 알맞지 않으므로, 뒷받침 문장으로 적절하지 않다.

(   )

5 산불을 예방하기 위한 방법으로 글쓴이가 제시한 것을 두 가지 고르세요. (   )

내용 이해

① 산불 예방 캠페인을 벌여야 한다.

② 산에 가는 사람들의 각별한 주의가 필요하다.

③ 일부러 산불을 내는 사람의 처벌을 더 강화해야 한다.

④ 산불이 많이 나는 계절에는 등산을 금지하는 것이 필요하다.

⑤ 산속 또는 산과 가까운 곳에서 쓰레기나 두렁을 태우는 일을 하지 않아야 한다.

6 낱말의 관계가 ○보기○와 같은 것을 두 가지 고르세요. (   )

어휘·표현

○ 보기 ○	주의 – 부주의

① 산림 – 숲   ② 자주 – 가끔

③ 피해 – 손해   ④ 약하다 – 강하다

⑤ 막대하다 – 엄청나다

7 산불을 예방하기 위한 표어로 알맞으면 ○표, 알맞지 <u>않으면</u> ×표 하세요.

적용·창의

(1)
걸음마다 산불 조심하면
날마다 산이 푸르러요

(   )

(2)
내가 아낀 물 한 방울
생명을 살립니다

(   )

(3)
작은 불씨에 빼앗긴 푸른 산
되찾으려면 몇십 년

(   )

(4)
계절마다 다른 색깔, 다른 향기
아름다운 우리 산, 우리 강

(   )

☆ 산불을 예방하기 위한 표어는 사람들에게 산불이 나지 않도록 주의하는 마음을 가지게 하는 내용이어야 해.

 **내용 정리**

★ 빈칸에 알맞은 말을 쓰거나 ○표를 하여 오늘 읽은 글의 내용을 정리해 보세요.

문제 상황	최근 건조한 날씨와 강한 바람으로 산불이 자주 발생하고 있고, 그 피해가 ❶(적다, 막대하다).
해결 방법	• 산에 가는 사람들의 각별한 주의가 필요하다. • 산속 또는 산과 가까운 곳에서 ❷( )(이)나 두렁을 태우는 일을 하지 않아야 한다.
글쓴이의 주장	우리 모두 ❸( )이/가 나지 않도록 힘쓰자.

어휘 정리

1 빈칸에 알맞은 낱말을 ○보기○에서 찾아 쓰세요.

> ○ 보기 ○   취사   진화   건수

⑴ 해마다 어린이 교통사고 (   )가 증가하고 있다.

⑵ 화재 신고를 받고 출동한 소방관들이 (   ) 작업에 나섰다.

⑶ 캠핑장에는 (   )를 할 수 있는 시설이 잘 갖추어져 있었다.

2 빈칸에 들어갈 알맞은 관용어에 ○표 하세요.

> 동생이 말썽을 부릴까 봐 ▨▨▨▨▨ 무척 피곤했다.

⑴ 신경 썼더니   ⑵ 눈을 붙였더니   ⑶ 배를 두드렸더니

(   )   (   )   (   )

척추 옆굽음증을 ⟨　㉠　⟩

1 혹시 오른쪽과 왼쪽의 어깨 높이가 다른 친구, 몸을 숙였을 때 양쪽 등의 높이가 다른 친구, 유난히 한쪽 신발의 굽만 닳는 친구가 있나요? 이런 친구는 척추 옆굽음증을 의심해 봐야 해요. '척추 옆굽음증'이란 정면으로 봤을 때 척추가 일직선으로 곧지 않고 C자나 S자 모양으로 굽어 있는 것을 말해요. 예전에는 '척추 측만증'이라고 불렀어요. 주로 10~19세의 청소년에게 나타나는 척추 옆굽음증은 키 성장을 방해하고, 심할 경우 소화와 호흡을 하는 데 문제를 일으킬 수 있어요. 또 척추가 굽은 모습 때문에 우울증에 걸리기도 해요. 따라서 척추 옆굽음증에 걸리지 않도록 해야 해요. 척추 옆굽음증에 걸리지 않으려면 어떻게 해야 할까요?

2 첫째, 평소에 자세를 바르게 해요. 바르지 못한 자세로 오랫동안 있으면 척추나 골반에 무리를 주어 척추를 굽게 하기 때문이에요. 서 있을 때는 구부정하거나 *짝다리를 짚지 말고 바르게 서요. ㉡의자에 앉을 때는 의자에 엉덩이를 걸치고 허리를 굽히거나 다리를 꼬고 삐딱하게 앉아요. 잠잘 때도 옆으로 자거나 엎드려 자지 말고 똑바로 누워서 자는 것이 좋아요.

3 둘째, 가방은 가볍게 메요. 무거운 가방을 한쪽 어깨에 메고 다니면 어깨와 허리에 무리를 줄 수 있기 때문이에요. 만약 가방이 무겁다면 양쪽 어깨에 번갈아 가며 메는 것이 좋아요. 한쪽 어깨에만 메는 가방보다 양쪽 어깨에 메는 배낭 같은 가방을 사용하면 도움이 돼요.

4 셋째, ㉢틈틈이 *스트레칭을 해요. 오랜 시간 동안 같은 자세로 서 있거나 공부를 하면 몸에 피로가 쌓여 바른 자세가 점점 흐트러지게 돼요. 따라서 서 있거나 공부를 할 때는 틈틈이 목, 어깨, 허리 등을 스트레칭해서 몸에 쌓인 피로를 풀어 주는 것이 좋아요.

5 무슨 병이든 예방이 중요한 것은 *두말할 나위가 없는 사실이에요. 척추 옆굽음증은 바른 생활 습관으로 예방할 수 있어요. 바른 몸의 형태와 건강을 지키기 위해 척추 옆굽음증을 예방하는 방법을 잘 알아 두고 실천하도록 해요.

---

* 짝다리: 한쪽 다리만 굽히고 서는 일.
* 스트레칭: 몸과 팔다리를 쭉 펴는 것.
* 두말할 나위가 없다: 너무나 당연하여 더 이상 말할 필요가 없다.

1 주제 ㉠에 들어갈 말로 알맞은 것은 무엇인가요? (　　　)

① 늘리자　　　　　② 지키자　　　　　③ 연구하자

④ 예방하자　　　　⑤ 치료하자

2 짜임 ❶~❺문단 중 본론 부분에 해당하는 문단의 번호를 모두 쓰세요.

(　　　　　　)

3 내용 이해 척추 옆굽음증에 대한 설명으로 알맞지 <u>않은</u> 것은 무엇인가요? (　　　)

① 키 성장을 방해한다.

② 예전에는 '척추 측만증'이라고 불렀다.

③ 주로 10~19세의 청소년에게 나타난다.

④ 정면으로 봤을 때 척추가 일직선으로 곧다.

⑤ 소화와 호흡을 하는 데 문제를 일으킬 수 있다.

4 비판 ㉡이 뒷받침 문장으로 적절한지 바르게 평가한 친구의 이름을 쓰세요.

보영: 바르게 앉는 자세로 볼 수 없으므로, 뒷받침 문장으로 적절하지 않아.

서현: 바르게 앉는 자세에 대하여 설명하였으므로, 뒷받침 문장으로 적절해.

정민: 바른 자세를 가지면 좋은 점을 설명하였으므로, 뒷받침 문장으로 적절해.

(　　　　　　)

5

ⓒ과 바꾸어 쓸 수 있는 낱말은 무엇인가요? (   )

① 계속   ② 대강   ③ 살짝

④ 반드시   ⑤ 짬짬이

☆ '틈틈이'와 뜻이 비슷한 낱말을 찾아봐.

6

추론

이 글에 덧붙일 근거로 알맞은 것에 ○표 하세요.

(1) 책을 읽는 습관을 가져요. 책을 읽으면 지식을 쌓을 수 있고 다른 사람과 어울려
    사는 데 도움이 되기 때문이에요.   (   )

(2) 운동을 꾸준히 해요. 걷기, 달리기, 수영 등을 꾸준히 하면 근육의 힘을 키우고 뼈
    가 건강해져 척추를 바로잡는 데 도움이 되기 때문이에요.   (   )

(3) 가족과 대화하는 시간을 늘려요. 가족이 모여 서로의 생각을 주고받다 보면 끈끈
    한 정이 생기고 가족의 소중함을 느낄 수 있기 때문이에요.   (   )

☆ 이 글에 덧붙일 근거는 글쓴이의 주장과 관련 있고 주장을 더욱 설득력 있게 만드는 내용이어야 해.

7

적용·창의

이 글의 내용을 바탕으로 그림 속 여자아이에게 충고할 말로 알맞은 것에 ○표 하세요.

주원아

생일 축하해.

이따 놀이터에서 만나자.

(1) 바르지 못한 자세로 서 있
    으면 척추가 굽어 건강에 좋   (   )
    지 않아.

(2) 키 성장을 위해 규칙적으
    로 운동하고 충분한 수면을   (   )
    취해야 해.

(3) 스마트폰 중독을 예방하
    려면 시간을 정해 놓고 사용   (   )
    하는 것이 좋아.

☆ 이 글과 관련지어 여자아이가 잘못한 점을 찾아봐.

📋 내용 정리

⭐ 빈칸에 알맞은 말을 쓰거나 ○표를 하여 오늘 읽은 글의 내용을 정리해 보세요.

서론	문제 상황	척추 옆굽음증은 키 성장을 ❶(도와주고, 방해하고) 소화와 호흡을 하는 데 문제를 일으키며 우울증에 걸리게 만들기도 한다.
	주장	❷( )에 걸리지 않도록 하자.
본론		• 평소에 ❸( )을/를 바르게 한다. • 가방은 가볍게 멘다. • 틈틈이 스트레칭을 한다.
결론		척추 옆굽음증을 예방하는 방법을 잘 알아 두고 실천하자.

🔍 어휘 정리

1 빈칸에 알맞은 낱말을 ○보기○에서 찾아 쓰세요.

> ○ **보기** ○   굽고   메고   짚고

(1) 산길은 활처럼 (   ) 울퉁불퉁했다.

(2) 소년은 손으로 땅을 (   ) 일어났다.

(3) 군인들이 어깨에 총을 (   ) 걸어갔다.

2 빈칸에 들어갈 알맞은 관용어에 ○표 하세요.

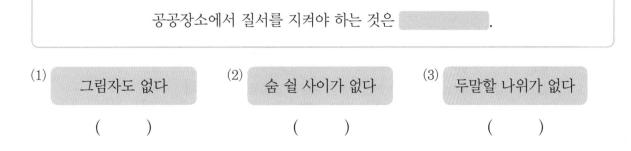

> 공공장소에서 질서를 지켜야 하는 것은   .

(1) 그림자도 없다   (   )

(2) 숨 쉴 사이가 없다   (   )

(3) 두말할 나위가 없다   (   )

○○ 아파트 주민 여러분께

1 안녕하세요? 저는 ○○ 아파트 108동 703호에 사는 최수아라고 합니다. ○○ 아파트 주민 여러분께 제안할 것이 있어서 이 글을 쓰게 되었습니다.

2 요즘 날씨가 덥다 보니 아파트 베란다 창문을 활짝 열고 생활하는 가정이 많습니다. 그런데 베란다 창문을 통해 들어오는 담배 연기와 냄새 때문에 고통을 받는 사람들이 많습니다. 저희 가족도 베란다에서 들어오는 담배 연기와 냄새 때문에 새벽에 자주 잠을 깨고, 동생은 ㉠연신 기침을 합니다. 엘리베이터에서 만난 한 할머니께서는 아랫집에서 올라오는 담배 연기와 냄새를 참을 수가 없어서 손자를 데리고 공원으로 피신을 간다고 말씀하셨습니다.

3 아파트 베란다에서 담배를 피우지 않았으면 좋겠습니다. 왜냐하면 *간접흡연이 건강에 매우 나쁘기 때문입니다. ㉡흡연자가 담배를 피울 때 나오는 담배 연기에는 암을 일으키는 물질을 비롯해 수천 가지의 해로운 물질이 들어 있다고 합니다. 따라서 ㉢간접흡연에 지속적으로 *노출된 어린이의 경우, 성장 발달에 지장이 있고 *호흡 곤란, 기관지염, 폐렴, *중이염 등 다양한 질병에 걸릴 위험도 높아집니다. ㉣몇 달 전에는 한 꼬마가 6층 베란다에서 작은 화분을 던져 1층 화단에 있던 사람들이 다칠 뻔했습니다.

4 ○○ 아파트 주민 여러분, '*너는 너고 나는 나다'라는 마음을 버리고 서로를 배려하는 마음을 가지면 이웃끼리 더욱 정답게 지낼 수 있습니다. 또한 우리 모두 소중한 건강을 지킬 수 있다는 점을 기억해 주세요.

최수아 올림

＊간접흡연: 흡연자 주위에서 비흡연자가 흡연자의 담배 연기를 들이마시게 되는 것.

＊노출된: 겉으로 드러난.

＊호흡 곤란: 힘쓰지 않으면 숨쉬기가 어렵거나 숨 쉬는 데 고통을 느끼는 상태.

＊중이염: 고막의 안쪽 뼈 속에 있는 공간에 생기는 염증.

＊너는 너고 나는 나다: 남에 대하여 전혀 무관심하고 자기의 이익만 채우는 이기적인 태도를 이르는 말.

1

내용 이해

누가 누구에게 제안하는 글인지 빈칸에 알맞은 말을 쓰세요.

(1) (　　　　　　　　　　)이/가 (2) (　　　　　　　　　　　　　)에게

2

어휘·표현

㉠의 뜻으로 알맞은 것은 무엇인가요? (　　　　)

① 약간　　　　　　　　② 가끔씩　　　　　　　　③ 잇따라 자꾸
④ 매우 천천히　　　　　⑤ 남이 알아차리지 못하게

3

내용 이해

글쓴이가 아파트 베란다에서 담배를 피우지 않았으면 좋겠다고 한 까닭은 무엇인가요? (　　　　)

① 불이 날 위험이 있어서　　　　　② 법을 어기면 벌을 받아서
③ 아파트가 지저분해 보여서　　　　④ 간접흡연이 건강에 매우 나빠서
⑤ 담배를 피우는 사람의 건강을 해쳐서

4

비판

㉡~㉣에 대해 바르게 평가하지 <u>못한</u> 친구의 이름을 쓰세요.

하늘: ㉡은 담배 연기가 건강에 좋지 않은 까닭을 설명한 부분이므로, 뒷받침 문장으로 적절하지 않아.

규찬: ㉢은 간접흡연이 어린이 건강에 끼치는 영향을 예로 들어 설명한 부분이므로, 뒷받침 문장으로 적절해.

재영: ㉣은 간접흡연과 상관없는 일을 예로 든 것이므로, 뒷받침 문장으로 적절하지 않아.

(　　　　　　　　　　)

☆ ㉡~㉣이 제안하는 내용을 뒷받침하는 문장으로 적절한지 생각해 봐.

5 짜임

이 글에서 다음 내용이 나타나 있는 문단의 번호를 쓰세요.

(1) 문제 상황: (　　　　　　　　　　)

(2) 제안하는 내용과 그 까닭: (　　　　　　　　　　)

6 주제

이 글의 제목으로 알맞은 것은 무엇인가요? (　　　)

① 아픈 이웃에게 관심을 가져 주세요

② 아파트 베란다 창문을 열지 맙시다

③ 이웃을 만나면 반갑게 인사를 나눕시다

④ 담배꽁초를 아무 데나 버리지 말아 주세요

⑤ 아파트 베란다에서 담배를 피우지 말아 주세요

☆ 제안하는 글의 제목도 글쓴이가 제안하는 내용과 관련 있는 것으로 정해.

7 적용·창의

이 글에 나타난 문제 상황과 관련해 아파트 관리소에 제안하는 글을 쓸 때, 제안하는 내용과 그 까닭으로 알맞은 것에 ○표 하세요.

(1) 　아파트 단지 안에 시시티브이(CCTV)를 더 많이 설치하면 좋겠습니다. 그렇게 하면 도둑이 드는 것을 더 잘 감시할 수 있고, 택배가 없어지는 일도 줄어들 것입니다.　(　　)

(2) 　아파트 단지 안에 담배를 피울 수 있는 공간을 마련하면 어떨까요? 그렇게 하면 아파트 주민들 모두 간접흡연으로 인한 피해를 줄일 수 있습니다.　(　　)

(3) 　아파트 단지 안에 다양한 운동 기구를 갖춘 체육관을 만들면 좋겠습니다. 그렇게 하면 아파트 주민들이 운동을 하려고 먼 곳에 있는 헬스클럽까지 찾아가는 불편을 줄일 수 있습니다.　(　　)

☆ 제안하는 내용은 문제 상황을 해결할 수 있는 것이어야 해.

📝 내용 정리

★ 빈칸에 알맞은 말을 쓰거나 ○표를 하여 오늘 읽은 글의 내용을 정리해 보세요.

문제 상황	베란다 창문을 통해 들어오는 ❶( ) 연기와 냄새 때문에 고통을 받는 사람들이 많다.
제안하는 내용	❷(공원, 아파트 베란다)에서 담배를 피우지 않았으면 좋겠다.
제안하는 까닭	❸( )이/가 건강에 매우 나쁘기 때문이다.

🔍 어휘 정리

1 빈칸에 알맞은 낱말을 〈보기〉에서 찾아 쓰세요.

> ○ **보기** ○   노출   지장   피신

⑴ 햇볕에 오랫동안 (   )된 팔이 새까맣게 탔다.

⑵ 지진이 나자 사람들이 안전한 곳으로 (   )을 했다.

⑶ 길 한복판이 움푹 파여 사람들이 오고 가는 데 (   )을 주고 있다.

2 빈칸에 들어갈 알맞은 관용어에 ○표 하세요.

> 아파트에서 늦은 밤에 피아노를 치는 것은 '   '라는 생각에서 비롯된 행동이다.

⑴ 너 죽고 나 죽자	⑵ 너 나 할 것 없이	⑶ 너는 너고 나는 나다
( )	( )	( )

㉠

1 여러분은 ㉡"효는 백 가지 행동의 *근본이다."라는 말을 들어 본 적이 있습니까? 이 말은 *공자가 한 말로, 수많은 일 중에서 부모님을 섬기는 일이 가장 중요함을 일깨워 줍니다. 서양에서도 오래전부터 효를 ㉢중시해 십계명에 "부모를 공경하라." 라는 가르침이 나옵니다. 이처럼 효는 동서양을 가리지 않고 중요하게 여겨졌습니다. 그런데 요즘에는 효를 *경시하는 사람이 많아 사회적으로 문제가 되고 있습니다. 자식이 부모를 때리고, 노인들이 자식의 돌봄을 받지 못하고 혼자 힘겹게 살아갑니다. 사회가 발전해도 부모님께 효도하는 일을 소홀히 해서는 안 됩니다. 부모님께 효도하는 방법에는 무엇이 있을까요?

2 첫째, 내 몸과 마음이 건강하도록 노력합니다. 부모가 가장 속상할 때는 자식이 다치거나 아플 때라고 합니다. 그러므로 내 몸을 다치게 하는 위험한 행동을 하지 말고 병에 걸리지 않도록 조심해야 합니다. 몸과 마음을 건강하게 잘 지키는 것은 효도의 첫걸음입니다.

3 둘째, 부모님께 예의 바르게 행동합니다. ㉣부모님께는 높임말을 사용하며 공손한 표정과 말투로 말합니다. ㉤부모님의 말씀을 들을 때는 바른 자세로 귀를 기울여 듣습니다. 또 ㉥식사를 할 때는 부모님께서 드시기 전에 먼저 먹습니다. ㉦잠자리에 들거나 아침에 일어났을 때, 학교에 가거나 집에 돌아왔을 때 부모님께 인사를 드리는 것도 예의 바른 행동입니다.

4 여러분, 부모님께 효도하는 것은 어려운 일이 아닙니다. 내 몸과 마음의 건강을 지키고 부모님께 예의 바르게 행동하면 되는 것입니다. 많은 사람이 부모님께서 돌아가신 뒤에 효도하지 못한 것이 후회스러워 눈물을 많이 흘린다고 합니다. 때늦은 후회를 하지 않도록 부모님께서 살아 계실 때 효도합시다. 내가 할 수 있는 것부터 하나씩 실천하다 보면 여러 방면에서 올바른 사람으로 자라고 있는 자신을 발견할 수 있을 것입니다.

＊근본: 사물의 본질이나 본바탕.
＊공자: 유교를 처음으로 만든 중국 고대의 사상가이자 학자.
＊경시하는: 대수롭지 않게 보거나 업신여기는.

1

㉠에 들어갈 이 글의 제목은 무엇일지 쓰세요.

(1) (   )께 (2) (   )합시다

2

내용 이해

㉡을 통해 알 수 있는 점은 무엇인가요? (   )

① 효의 뜻
② 효의 종류
③ 효의 중요성
④ 효의 실천 방법
⑤ 효와 관련된 옛이야기

3

어휘·표현

㉢에 쓰인 '중시하다'와 뜻이 반대되는 낱말은 무엇인가요? (   )

① 존경하다
② 위험하다
③ 중요하다
④ 경시하다
⑤ 건강하다

4

비판

㉣~㉅ 중 다음 평가와 관련 있는 것의 기호를 쓰세요.

부모님께 예의 바르지 못한 행동이므로, 뒷받침 문장으로 적절하지 않다.

(   )

5 다음은 어느 문단의 특징인지 문단의 번호를 각각 쓰세요.

짜임

(1) 주장에 대한 근거를 제시했다. ( )

(2) 주장을 강조하고 희망적인 마무리를 했다. ( )

(3) 글을 쓰게 된 문제 상황과 주장을 제시했다. ( )

6 이 글에 덧붙일 근거로 알맞지 <u>않은</u> 것을 두 가지 고르세요. ( )

추론

① 부모님의 일을 돕습니다.

② 중요한 일은 혼자 결정합니다.

③ 부모님께 늘 감사한 마음을 표현합니다.

④ 부모님께서 편찮으실 때 정성껏 간호합니다.

⑤ 서로 예절을 지키면 밝은 사회를 만들 수 있습니다.

☆ 이 글에 덧붙일 근거는 글쓴이가 제시한 주장과 관련 있고 주장을 뒷받침해야 해.

7 다음 글을 읽고 글쓴이와 <u>다른</u> 입장에서 심청을 평가한 친구에게 ○표 하세요.

적용·창의

> 심청은 절에 쌀 삼백 석을 바치면 아버지께서 눈을 뜨실 수 있다는 말을 듣고 쌀 삼백 석을 얻기 위해 인당수 제물로 자신의 몸을 팔았다. 그 사실을 알게 된 심 봉사는 자신의 소원을 이루기 위해 자식을 죽일 수는 없다고 울부짖었다. 심청은 아버지의 손을 잡고 위로해 드린 뒤 아버지께 큰절을 올리고 인당수로 떠났다.

(1) 채호: 아버지의 눈을 뜨게 해 드리려고 자신의 목숨을 내놓다니 심청의 효심은 정말 대단해. ( )

(2) 동은: 심청은 아버지를 위로해 드린 뒤 큰절을 올리고 인당수로 떠났어. 심청은 마지막까지 아버지께 예의 바르게 행동한 효녀야. ( )

(3) 윤기: 부모님께서 주신 몸을 소중히 하는 것이야말로 효도의 시작이야. 심청이 진정한 효녀라면 자신의 몸을 제물로 팔아서는 안 돼. ( )

☆ 효도에 대한 생각과 방법이 글쓴이와 다른 입장이면서 심청에 대해 알맞게 비판한 친구를 찾아봐.

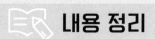

내용 정리

★ 빈칸에 알맞은 말을 쓰거나 ○표를 하여 오늘 읽은 글의 내용을 정리해 보세요.

문제 상황	요즘에는 효를 ❶(경시하는, 중요시하는) 사람이 많아 사회적으로 문제가 되고 있다.
주장	부모님께 ❷( )하는 일을 소홀히 해서는 안 된다.
주장에 대한 근거	• 내 몸과 마음이 ❸( )하도록 노력한다. • 부모님께 예의 바르게 행동한다.

어휘 정리

1 빈칸에 알맞은 낱말을 ◦보기◦에서 찾아 쓰세요.

> ◦보기◦   경시   공경   근본

⑴ 물난리를 막을 수 있는 (   ) 대책을 세우기로 했다.

⑵ 우리 전통문화를 옛것이라고 하며 (   )하는 사람들이 있다.

⑶ 나는 어렸을 때부터 웃어른을 (   )해야 한다고 부모님께 배웠다.

2 빈칸에 들어갈 알맞은 관용어에 ○표 하세요.

> 아버지께서 돌아가신 뒤에 효도하지 못한 것 같아 눈물을 [   ] 흘렸다.

⑴ 비 오듯

(   )

⑵ 게 눈 감추듯

(   )

⑶ 강 건너 불 보듯

(   )

정답 및 해설 16쪽에서 확인하세요.

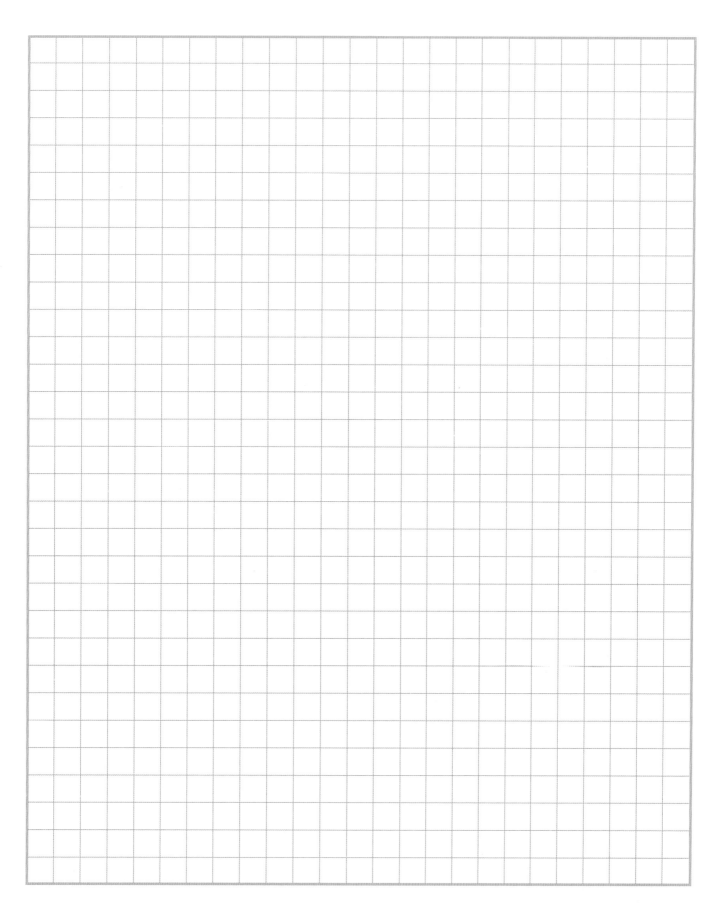

독해 비법이 담긴 기본편 을 완성하였습니다.

이제 본격 실전 문제로 실력을 키워 볼까요?
자, 실력편 으로 출발!

앗!

[정답 및 해설]이 어디 도망갔다고요?
길벗스쿨 홈페이지에 들어오세요.
도서 자료실에 딱 준비되어 있습니다!

기적의 독해력

기본편

정답 및 해설

7권

비법 1	예시	④
	연습	1 ⓒ 2 (2) ○
비법 2	예시	(1) ○ (3) ○
	연습	1 ③ 2 소인국

비법 1

예시 다윗왕이 거미 덕분에 목숨을 건지게 된 일과 마지막 다윗왕의 말을 통해 이 글의 주제를 알 수 있습니다.

연습 1 ⓒ을 통해 이 글의 주제가 어려운 상황에서도 용기를 잃지 말아야 한다는 것임을 짐작할 수 있습니다.

연습 2 허황된 꿈을 꾸다가 도리어 손해를 본 소녀의 행동을 통해 허황된 꿈을 꾸지 말자는 깨달음을 얻을 수 있습니다.

비법 2

예시 사건은 베일 박사와 과학자들이 대륙이 바다에 잠기는 화면을 보며 탄식한 일입니다.

연습 1 신라의 27번째 왕인 선덕 여왕은 지혜로운 인물입니다.

2 DAY

비법 3	예시	③
	연습	1 ④ 2 ㉠
비법 4	예시	(2) ○
	연습	1 (3) ○ 2 윤아

비법 3

예시 준우는 성재와 아이들이 발레 배우는 것을 놀려 대도 주눅 들지 않는 당당한 성격입니다.

연습 1 농부의 경고에도 위험한 절벽으로 달려간 당나귀의 행동을 통해 고집이 세고 어리석은 성격임을 알 수 있습니다.

비법 4

예시 홍 참봉은 청렴하고 강직한 성격이므로, 사또의 잘못된 명령을 따르지 않았을 것입니다.

연습 1 노인은 무분별하게 플라스틱을 사용하는 것은 미래에 살아갈 사람들을 배려하지 않는 행동이라고 생각할 것입니다.

연습 2 소희처럼 자신에게 일어난 일의 원인을 모두 남의 탓으로 생각하는 친구는 윤아입니다.

3 DAY

1 (1) ×   2 ③   3 ②   4 ②   5 ④   6 성빈
7 (1) ×

내용 정리	❶ 바깥 ❷ 운동장 (한편) ❸ 꼬리
어휘 정리	1 (1) 편 (2) 한시름 (3) 무사하기를
	2 (1) ○

1 이 글의 공간적 배경은 정아네 집입니다.

2 정아는 자신이 없는 사이에 토토가 죽었을까 봐 걱정되어 학교가 끝나자마자 집으로 달려왔습니다.

3 ⓒ '놓다'는 '걱정이나 근심, 긴장 따위를 잊거나 풀어 없애다.'라는 뜻으로 '덜다'와 바꾸어 쓸 수 있습니다.
덜다: 아픔이나 어려움의 정도를 줄이다.

4 토토에게 바깥 냄새를 맡게 해 주려고 학교에서 나뭇가지와 나뭇잎 등을 주워 온 것으로 보아, 정아는 정이 많고 세심한 성격입니다.
세심하다: 작은 일에도 꼼꼼하게 주의를 기울여 빈틈이 없다.

5 이 글은 죽음을 앞둔 반려견인 토토를 사랑하는 정아의 마음에 대해 쓴 것입니다.

6 토토를 가족처럼 생각하는 정아의 모습을 보면서 성빈이와 같은 생각을 떠올릴 수 있습니다.

7 동물을 사랑하고 가족처럼 여기는 정아가 길고양이를 보았다면 (1)과 같은 생각은 하지 않았을 것입니다.

어휘 정리

1 (3) • **무사하다:** 아무 탈 없이 편안하다.
 • **무시하다:** 사람을 깔보거나 업신여기다.

2 **곁을 떠나다:** 가까이 지내던 사람이 죽다.

4 DAY

1 (1) 굴갓 (2) 회오리바람   2 ①, ④   3 ③   4 (3) ◯
5 ②   6 (2) ◯   7 (3) ◯

내용 정리 ❶ 어리다는   ❷ 이방   ❸ 돌

어휘 정리 1 (1) 부임 (2) 태연 (3) 곤란
　　　　　　2 (1) 골탕 먹였다 (2) 코를 납작하게 만들어

1 스님이 원님을 찾아가기 전에 이방과 스님이 한 행동, 스님이 원님을 찾아가 한 말을 통해 이방의 꾀가 무엇인지 알 수 있습니다.

2 이 글에 ①, ④와 같은 사건은 나타나지 않았습니다.

3 원님이 스님의 속셈을 알아차린 것, 원님이 사공들을 불러 판결한 내용으로 보아 원님의 성격이 지혜롭다는 것을 알 수 있습니다.

4 이 글에서는 시간의 흐름에 따라 사건이 일어나고 있으므로, (3)의 방법으로 글의 내용을 요약하는 것이 알맞습니다.

5 이방과 스님은 원님의 나이가 어리다는 이유로 원님을 골탕 먹이려다가 도리어 곤란한 처지에 놓였습니다. 이를 통해 어리다고 다른 사람을 무시하면 안 된다는 것을 깨달을 수 있습니다.

6 글을 읽고 비슷한 경험을 떠올릴 때는 글의 내용과 관련이 있어야 합니다. 가을이는 스님이 돌로 만든 굴갓을 쓰게 될까 봐 원님에게 모두 이방이 시켜서 한 짓이라고 말하는 부분과 관련 있는 경험을 말하였습니다.

7 원님은 지혜로운 인물이므로, 최 서방의 요구가 말이 안 된다는 것을 깨달을 수 있도록 판결했을 것입니다.

어휘 정리

1 (2) **태연하다**: 당연히 머뭇거리거나 두려워할 상황에서 태도나 얼굴빛이 아무렇지도 않다.
　(3) **곤란하다**: 사정이 몹시 딱하고 어렵다.

2 (1) **골탕 먹이다**: 한꺼번에 크게 손해를 입히거나 낭패를 당하게 만들다.
　(2) **코를 납작하게 만들다**: 기를 죽이다.

5 DAY

1 ④, ⑤   2 ④   3 ②   4 ㉰ → ㉮ → ㉯ → ㉱ → ㉲
5 ⑤   6 민재   7 (3) ◯

내용 정리 ❶ 섭섭했던   ❷ 쪽지   ❸ 오해

어휘 정리 1 (1) 예약해 (2) 곱씹어 (3) 신신당부하셨다
　　　　　　2 머리

1 지호는 단짝 친구인 서현이, 주연이와 같은 아파트 단지에 삽니다. 그리고 늘 셋이 함께 하교를 합니다.

2 ①, ②, ③, ⑤는 뜻이 서로 비슷한 낱말입니다.
　• **꺼내다**: 속이나 안에 들어 있는 물건 따위를 손이나 도구를 이용하여 밖으로 나오게 하다.
　• **집어넣다**: 어떤 공간이나 단체, 범위에 들어가게 하다.

3 지호는 친구들이 미리 말해 주었는데도 잊어버리고 자기만 두고 먼저 집에 갔다고 판단했습니다. 이것으로 보아 지호는 덤벙거리고 급한 성격이라는 것을 짐작할 수 있습니다.

4 서현이가 먼저 집에 가야 한다고 말한 것은 어제 있었던 일이고, 주연이가 쪽지를 준 것은 오늘 쉬는 시간에 있었던 일입니다. 따라서 일이 일어난 차례대로 정리하면 ㉰ → ㉮ → ㉯ → ㉱ → ㉲입니다.

5 이 글은 친구들이 자기만 두고 먼저 가 버렸다고 섣부르게 판단한 지호가 자신이 친구들을 오해했음을 깨닫고 미안해진 일을 쓴 것입니다. 따라서 글의 주제로 알맞은 것은 ⑤입니다.

6 민재는 알맞지 않은 까닭을 들어 가며 지호의 행동에 대한 생각을 말하였습니다.

7 지호는 침착하게 생각해 보지도 않고 화를 냈습니다. 따라서 다시 일기를 쓴다면 그런 자신의 행동을 반성하는 내용의 일기를 썼을 것입니다.

어휘 정리

1 (1) **예약하다**: 미리 약속하다.
　(3) **신신당부하다**: 계속해서 간절히 부탁하다.

2 문제를 해결할 좋은 방법을 생각해 내기 위하여 고민할 때 쓰는 관용어는 '머리를 굴리다'이고, 서로 모여서 어떤 일을 의논할 때 쓰는 관용어는 '머리를 맞대다'입니다.

1 ⑤　2 (1) ㉡ (2) ㉣ (3) ㉢　3 ④　4 영서　5 ③
6 ④　7 (2) ◯

내용 정리 ❶ 바닷가 ❷ 진주 ❸ 자식과 손주

어휘 정리 1 (1) 연거푸 (2) 흥분한 (3) 어처구니없었다
　　　　　　2 (2) ◯

1 이 글에 어부의 아들은 나오지 않습니다.

2 이 글은 무대에서 연극을 하기 위해 쓴 희곡입니다. ㉡은 무대 위의 상황을 설명한 해설이고, ㉢은 등장인물의 표정이나 행동을 지시하고 설명한 지문입니다. ㉣은 등장인물이 하는 말인 대사입니다.

3 어부는 바다에 빠뜨린 귀한 진주를 찾으려고 바가지로 바닷물을 퍼내고 있었습니다.

4 ㉤은 진주를 찾기 위해 바닷물을 계속 퍼내고 있는 어부의 행동이 이치에 맞지 않는다는 생각이 담긴 나그네의 말입니다. 따라서 ㉤에 대해 자신의 생각을 알맞게 말한 친구는 영서입니다.

5 해 보지도 않고 안 된다고 포기할 수는 없다는 말과 나흘 동안 바닷물을 퍼낸 행동으로 보아, 어부는 의지가 강하고 끈기 있는 성격의 인물임을 짐작할 수 있습니다.

6 어부가 바다에 빠진 진주를 찾기 위해 나흘 동안 바닷물을 퍼내자 이에 감동받은 물의 요정들이 어부에게 진주를 찾아 준 것에서 ④와 같은 점을 깨달을 수 있습니다.

7 어부처럼 굳은 의지로 끝까지 최선을 다한 위인은 이순신 장군입니다.

어휘 정리

1 (2) **흥분하다**: 어떤 자극을 받아 감정이 북받쳐 일어나다.
　(3) **어처구니없다**: 일이 너무 뜻밖이어서 기가 막히는 듯하다.

2 (1) **눈이 낮다**: 보는 수준이 높지 아니하다.
　(2) **말도 안 되다**: 실현 가능성이 없거나 이치에 맞지 않다.
　(3) **한 줌도 못 되다**: 한 줌 안에도 채 차지 못할 정도로 매우 적다.

비법 1 **예시** ㉠, ㉡, ㉣
　　　　연습 1 (2) ◯ (3) ◯　2 ②

비법 2 **예시** (2) ✕
　　　　연습 1 선아　2 ②

비법 1

예시 ㉠은 피의 색을 눈으로 보듯이, ㉡은 아기의 울음소리가 귀에 들리듯이, ㉣은 꽃잎의 색을 눈으로 보듯이 표현한 부분입니다.

연습 1 ㉠은 물새알의 냄새를 코로 맡는 것처럼, ㉣은 산새의 모습을 눈으로 보는 것처럼 표현한 부분입니다.

연습 2 ㉠처럼 손으로 만지듯이 표현한 것은 ②입니다.

비법 2

예시 이 시에서 반복되는 말은 '~고 싶은'입니다.

연습 1 1연과 3연, 2연과 4연의 각 행마다 글자 수가 일정하게 반복됩니다.

비법 3 **예시** ④
　　　　연습 1 (3) ◯　2 2연

비법 4 **예시** 태호
　　　　연습 1 (2) ✕　2 (3) ◯

비법 3

예시 '작은 의자'는 바람, 빗방울, 새들이 쉬어 가거나 머물다 가는 곳으로, 나무의 새 가지와 잎을 뜻합니다.

연습 2 2연에서 나무에 잎이 난 것을 조각 천을 짠다고 표현했고, 단풍이 든 것을 곱게 물들인다고 표현했습니다.

비법 4

예시 이 시를 읽으면 놀이터에서 뛰어노는 아이들의 신나고 즐거운 마음이 느껴집니다.

연습 1 (2)는 시의 내용과 관련 없는 생각이나 느낌입니다.

연습 2 다영이는 날마다 있었던 일을 일기장에 적어 놓은 말하는 이와 비슷한 경험을 떠올리며 느낌을 말하였습니다.

1 ①, ③   2 (1) ○   3 ⑤   4 가지런히 빛나는 하얀 이가   5 ④   6 유라   7 ③

내용 정리 ❶ 전학 ❷ 자리 ❸ 그리움

어휘 정리 1 (1) 구석구석 (2) 다짐 (3) 자리
2 (1) 가지런히 (2) 수없이

1 이 시는 묻고 대답하는 형식이 아니며 공간의 변화도 나타나 있지 않습니다. 또 1~4연의 4행은 글자 수가 반복되지 않습니다.

2 ⊙은 말하는 이가 전학 간 철이의 얼굴을 잊지 못하고 마음속에 간직하고 있는 것을 뜻합니다.

3 말하는 이는 전학 간 철이가 앉았던 자리를 보면 철이가 더 보고 싶어질까 봐 철이 자리를 보지 말자고 다짐하였습니다.

4 4연의 '가지런히 빛나는 하얀 이가'는 고르고 하얀 철이의 이를 눈으로 보는 것처럼 표현한 부분입니다.

5 5연의 '국화꽃'에서 이 시의 계절이 가을이라는 것을 알 수 있습니다. 국화꽃은 가을에 피기 때문입니다.

6 말하는 이는 전학 간 철이를 그리워하고 있으므로, 유라의 말처럼 철이가 전화나 편지를 한다면 기뻐할 것입니다.

7 전학 간 친구를 보고 싶은 마음을 쓴 시입니다.

어휘 정리

1 (1) **구석구석**: 이 구석 저 구석.
(2) **다짐**: 마음이나 뜻을 굳게 가다듬어 정함.
(3) **자리**: 사람이 앉을 수 있도록 만들어 놓은 설비나 지정한 곳.

2 (1) • **골똘히**: 한 가지 일에 온 정신을 쏟아 딴생각이 없이.
• **우연히**: 어떤 일이 뜻하지 아니하게 저절로 이루어져 공교롭게.
• **가지런히**: 여럿이 층이 나지 않고 고르게.
(2) • **수없이**: 헤아릴 수 없을 만큼 그 수가 많이.
• **힘없이**: 기운이나 의욕 따위가 없이.
• **관계없이**: 서로 아무런 관련이 없이.

1 ③   2 1, 5 / 2, 3, 4   3 ㉣   4 ⑤   5 ②   6 (2) ○
7 고양이

내용 정리 ❶ 냄새 ❷ 맛 ❸ 방

어휘 정리 1 (1) 물들였다 (2) 짜릿한 (3) 양지쪽
2 ②

1 이 시는 방 안에 놓인 귤 한 개를 보고 떠올린 생각이나 느낌을 쓴 것입니다.

2 1연과 5연에는 '귤 한 개가 ~다.'가 반복되어 쓰였고, 2~4연에는 '~(으)로 물들이고'가 반복되어 쓰였습니다. 따라서 1연과 5연이 비슷한 짜임이고, 2연과 3연, 4연이 비슷한 짜임입니다.

3 '쓰디쓴 커피'와 같이 입으로 맛보는 것처럼 표현한 부분은 ㉣입니다. ㉡은 코로 냄새를 맡는 것처럼, ㉢은 눈으로 보는 것처럼 표현한 부분입니다.

4 ㉤은 귤의 냄새와 빛깔, 맛이 방을 가득 채우고도 남을 만큼 강하게 느껴지는 것을 표현한 것입니다.

5 1연과 5연을 통해 ②와 같은 내용을 알 수 있습니다. ①, ③, ④, ⑤는 시에 나타나지 않은 내용입니다.

6 이 시는 읽는 이에게 작은 귤 한 개가 주는 의미를 다시 한번 생각해 보게 합니다.

7 2~4연에 나타난 대상의 특징을 보면 고양이를 떠올려 시를 바꾸어 썼음을 알 수 있습니다.

어휘 정리

1 (1) **물들이다**: 빛깔이 스미게 하거나 옮아서 묻게 하다.
(2) **짜릿하다**: 심리적 자극을 받아 마음이 순간적으로 조금 흥분되고 떨리는 듯하다.

2 ① **속이 타다**: 걱정이 되어 마음이 달다.
② **군침이 돌다**: 식욕이 나다.
③ **깨가 쏟아지다**: 몹시 아기자기하고 재미가 나다.
④ **귀가 번쩍 뜨이다**: 들리는 말에 선뜻 마음이 끌리다.
⑤ **간이 콩알만 해지다**: 몹시 두려워지거나 무서워지다.

11 DAY

비법 1	예시	(3) ○
	연습	1 ⑤　2 ㉡
비법 2	예시	①
	연습	1 (1) 퍼지면서 (2) 가리지　2 적게

비법 1

예시 글을 쓴 목적인 진달래와 철쭉을 구별하는 방법을 정리한 (3)이 글의 중심 생각입니다.

연습 1 이 글은 흑해의 바닷물이 검게 보이는 까닭을 설명하는 글로, 중심 생각은 ⑤입니다.

비법 2

예시 어부가 선조에게 물고기를 드렸으므로 ㉠은 '바쳤어요'로, ㉡은 선조가 신하에게 은어를 구해 오는 일을 하게 한 것이므로 '시켰어요'라고 고쳐 써야 합니다.

연습 1 낙서가 넓은 범위에 미쳤다는 뜻의 문장을 만들기 위해 ㉠에는 '퍼지면서'가, 장소를 구별하지 않았다는 뜻의 문장을 만들기 위해 ㉡에는 '가리지'가 들어가야 합니다.

12 DAY

비법 3	예시	④
	연습	1 (2) ○　2 (2) ○
비법 4	예시	남희
	연습	1 ❸　2 (3) ○

비법 3

예시 읽는 사람의 흥미를 끌고 설명 대상을 밝힌 ❶문단은 처음 부분, 설명 대상에 대해 구체적으로 설명한 ❷, ❸문단은 가운데 부분, 앞서 설명한 내용을 정리한 ❹문단은 끝부분에 해당합니다.

연습 1 소금을 자세히 설명하고 있으므로, 가운데 부분에 해당합니다.

비법 4

예시 ❷문단의 세 번째 문장 다음에 수다라장과 법보전의 앞과 뒤에 있는 위아래 창의 크기가 어떻게 다른지 설명하는 문장을 넣으면 글의 내용을 이해하는 데 도움이 됩니다.

연습 1 문제에 주어진 문장은 독서 노트를 쓰면 좋은 점으로, ❸문단의 뒷받침 문장으로 알맞습니다.

13 DAY

1 (1) ❶ (2) ❷, ❸ (3) ❹　2 반드시　3 ④
4 (1) ○　5 ②　6 ③　7 정민

내용 정리	❶ 꽃가루받이　❷ 환경 상태　❸ 생태계
어휘 정리	1 (1) 민감 (2) 예언 (3) 담당　2 (3) ○

1 설명 대상을 소개한 ❶문단이 글의 처음 부분이고, 꿀벌의 역할에 대해 자세히 설명한 ❷문단과 ❸문단이 글의 가운데 부분입니다. 그리고 글의 내용을 요약하고 정리한 ❹문단이 글의 끝부분입니다.

2 ㉮에는 '틀림없이 꼭.'이라는 뜻의 '반드시'가 들어가야 합니다.

3 ❷문단은 꿀벌의 가장 큰 역할인 꽃가루받이를 해 주는 것에 대한 내용이므로, 뒷받침 문장으로 꽃가루받이의 뜻을 밝히는 문장을 넣으면 좋습니다.

4 ❸문단의 내용을 통해 꿀벌이 살면 사람에게도 좋은 환경이라는 것을 알 수 있습니다.

5 ㉠과 ㉢은 문단의 중심 생각이 담긴 중심 문장에 해당하고, ㉡과 ㉣은 중심 문장을 도와주는 뒷받침 문장에 해당합니다.

6 글쓴이는 꿀벌이 생태계에서 중요한 역할을 한다는 것을 설명하기 위해 이 글을 썼습니다.

7 ❶문단에서 꿀벌을 보호하기 위해 노력해야 한다고 했으므로 수호는 글쓴이의 생각을 잘못 파악하였습니다. 또 다정이가 말한 내용은 글에 나와 있지 않습니다.

어휘 정리

1 (3) **담당하다**: 어떤 일을 맡다.

2 (1) **배가 아프다**: 남이 잘되어 심술이 나다.
　(2) **눈길을 모으다**: 여러 사람의 시선을 집중시키다.
　(3) **불 보듯 뻔하다**: 앞으로 일어날 일이 의심할 여지가 없이 아주 명백하다.

14 DAY

1 『삼국사기』, 『삼국유사』(『삼국유사』, 『삼국사기』)

2 ㉮   3 세운   4 ④   5 (4) ○   6 ⑤   7 ③, ④

내용 정리 ❶ 역사책   ❷ 김부식   ❸ 불교

어휘 정리 1 (1) 건국했다 (2) 기록했다 (3) 실렸다
2 (1) 가치 (2) 최초 (3) 주요

1 이 글은 현재 우리나라에 남아 있는 가장 오래된 역사책인 『삼국사기』와 『삼국유사』에 대한 여러 가지 사실을 알려 주기 위해 썼습니다.

2 ㉠에는 앞 문장의 결과에 해당하는 ㉮가 들어가기에 알맞습니다.

3 ㉡은 '나라나 기관 따위를 처음으로 생기게 한.'이라는 뜻의 '세운'으로 고쳐 써야 합니다.

4 총 50권으로 구성되어 있고, 역사적 가치가 높은 것은 『삼국사기』입니다.

5 문제에 주어진 글은 앞에서 설명한 내용을 요약·정리하는 내용으로, 설명하는 글의 끝부분에 해당합니다. 따라서 ❸문단 바로 뒤에 들어가기에 알맞습니다.

6 ❶문단의 마지막 문장에 글쓴이가 하고 싶은 말이 나와 있습니다.

7 『삼국사기』와 『삼국유사』는 고구려·백제·신라의 역사를 기록한 책으로, 『삼국유사』에 고조선을 세운 단군왕검의 이야기가 실려 있습니다.

어휘 정리

1 (1) **건국하다**: 나라가 세워지다. 또는 나라를 세우다.
(2) **기록하다**: 주로 후일에 남길 목적으로 어떤 사실을 적다.
(3) **실리다**: 글, 그림, 사진 등이 책이나 신문에 나오다.

2 (1) **가치**: 사물이 지니고 있는 쓸모.
(2) **최초**: 맨 처음.
(3) **주요**: 주되고 중요함.

15 DAY

1 ④   2 ㉡   3 어떻게   4 **3**   5 ①, ③, ⑤

6 (1) 이탈리아 (2) 프랑스 (3) 토슈즈   7 (1) ○ (2) ○

내용 정리 ❶ 탄생   ❷ 루이 14세   ❸ 여성

어휘 정리 1 (1) 용어 (2) 뒤축 (3) 금기
2 (1) 화려한 (2) 부유했다 (3) 교차하고

1 이 글은 '먼저, 다음으로, 끝으로'라는 순서를 나타내는 말을 사용하며 발레의 탄생과 발전, 발레 옷과 신발의 변화에 대해 차례대로 설명하고 있습니다. 따라서 이 글은 설명하는 글의 가운데 부분에 해당합니다.

2 ❶문단의 두 번째 문장이 중심 문장이고, 나머지 문장은 뒷받침 문장입니다.

3 ❷문단은 발레가 발전한 과정을 설명한 부분으로, ㉣에는 '어떻게'가 들어가야 알맞습니다.

4 문제에 주어진 내용은 발레 신발의 변화에 대해 설명하는 문장이므로, ❸문단의 뒷받침 문장으로 알맞습니다.

5 ② 클래식 튀튀는 로맨틱 튀튀가 나온 뒤에 나왔습니다.
④ 누구나 발레를 즐길 수 있게 된 것은 루이 14세 때입니다.

6 각 문단의 두 번째 문장이 중심 문장입니다. 각 문단의 중심 문장을 정리하면 글쓴이가 글을 통해 말하고 싶은 것이 무엇인지 알 수 있습니다.

7 효민이는 마리 카마르고가 금기를 깬 행동 뒤에 달라진 모습을 잘못 파악하여 말했습니다.

어휘 정리

1 (1) **용어**: 일정한 분야에서 주로 사용하는 말.
(2) **뒤축**: 신발이나 양말 등에서 발뒤꿈치가 닿는 부분.

2 (1) **화려하다**: 환하게 빛나며 곱고 아름답다.
(2) **부유하다**: 재물을 풍부하게 가지고 있다.

DAY

16 DAY `82~85쪽`

1 층간 소음 2 ⑶ ○ 3 ④ 4 ③ 5 당부하는 말
6 ⑤ 7 ⑴ ○

내용 정리 ❶ 늘고 ❷ 집 안 ❸ 늦은 밤
❹ 층간 소음

어휘 정리 1 ⑴ 자제 ⑵ 예방 ⑶ 호소
2 앉아서 기다리지

1 이 글은 아파트에서 일어나는 층간 소음 문제를 예방하기 위해 지켜야 할 생활 수칙이 무엇인지 알려 주는 안내문입니다.

2 ㉠에는 '전쟁이나 말다툼 등을 하기도.'라는 뜻의 '벌이기도'가 들어가야 알맞습니다.
⑴ **버리다**: 가지거나 지니고 있을 필요가 없는 물건을 내던지거나 쏟거나 하다.
⑵ **벌리다**: 둘 사이를 넓히거나 멀게 하다.

3 ㉡에는 이른 아침과 늦은 밤에 소음이 나는 운동 기구, 악기, 연장 등의 사용을 자제해 달라는 내용과 관련 있는 ㉮가 들어가기에 알맞습니다.

4 ③은 이 글에 나오지 않는 내용입니다.

5 ㉢은 행복 아파트 관리 사무소에서 아파트 주민들에게 당부하는 말을 쓴 부분입니다.

6 이 글은 층간 소음을 예방하기 위한 생활 수칙을 알려 주고 아파트 주민 모두가 지켜주기를 바라는 목적에서 쓴 것입니다.

7 자신의 처지만을 생각하며 행동한 윗집과 아랫집 사람들에게 충고해 줄 말로 알맞은 것은 ⑴입니다.

어휘 정리

1 ⑵ **예방하다**: 질병이나 재해 따위가 일어나기 전에 미리 대처하여 막다.

2 • **시치미 떼다**: 자기가 하고도 하지 아니한 체하거나 알고 있으면서도 모르는 체하다.
• **앉아서 기다리다**: 다른 사람이 해 줄 것만 바라고 전혀 노력하지 아니하다.

17 DAY `88~91쪽`

1 착한 사마리아인의 법 2 ③ 3 ④ 4 ⑤ 5 ⑴ ×
⑵ ○ ⑶ × 6 ④ 7 성하

내용 정리 ❶ 돕지 않는 ❷ 성서 ❸ 남을 돕는 착한
마음

어휘 정리 1 ⑴ 멸시 ⑵ 승객 ⑶ 도입한 2 ⑵ ○

1 ❶문단의 마지막 문장을 통해 이 글에서 설명하는 대상이 무엇인지 알 수 있습니다.

2 ❶문단이 설명 대상을 밝힌 처음 부분, 설명 대상에 대해 구체적으로 설명한 ❷~❹문단이 가운데 부분에 해당합니다. 그리고 ❺문단은 글을 마무리하는 부분으로 끝부분에 해당합니다.

3 ㉠에는 '의식이나 감정 따위가 사라졌어.'라는 뜻의 '잃었어'가 들어가야 합니다.
• **일다**: 없던 현상이 생기다.
• **잊다**: 한번 알았던 것을 기억하지 못하거나 기억해 내지 못하다.

4 ㉡~㉤은 사실을 쓴 부분이고, ㉥은 글쓴이의 의견을 쓴 부분입니다.

5 ⑴ 현재 우리나라는 '착한 사마리아인의 법'을 시행하고 있지 않습니다.
⑶ '착한 사마리아인의 법'은 자신에게 위험이나 피해가 일어나지 않는데도 곤경에 처한 사람을 돕지 않는 행위를 처벌할 수 있는 법입니다.

6 '착한 사마리아인의 법'을 시행하는 나라가 어디인지 설명하는 문장은 ❹문단의 중심 문장을 뒷받침하는 문장입니다.

7 성서의 이야기에서 유래되어도 좋고 나쁨은 따져 보아야 하므로 유나의 생각은 바르지 않습니다. 또한 '착한 사마리아인의 법'은 위험에 처한 사람을 구하지 않으면 처벌받는 법이므로 규현이는 '착한 사마리아인의 법'을 잘못 이해했습니다.

어휘 정리

1 ⑵ **승객**: 차, 배, 비행기 따위의 탈것을 타는 손님.

2 ⑴ **손이 크다**: 씀씀이가 후하고 크다.
⑵ **숨을 거두다**: 죽다.
⑶ **미역국을 먹다**: 시험에서 떨어지다.

 DAY

1 ③   2 달라요   3 **3**   4 ②   5 ⑤   6 ⑴ ○

7 ②

내용 정리 ❶ 맛   ❷ 간간하다   ❸ 신맛   ❹ 쓴맛

어휘 정리 1 ⑴ 싱거워   ⑵ 맛깔스러워   ⑶ 쉬어

2 맛을 붙여

1 이 글은 맛을 나타내는 우리말에 대해 설명하고 있습니다.

2 같은 맛을 나타내는 낱말이라도 뜻이 같지 않다는 점을 설명하는 문장이므로, ㉠에는 '두 대상이 서로 같지 않아요.'라는 뜻의 '달라요'가 들어가기에 알맞습니다.

3 '찝찔하다'는 짠맛을 나타내는 말이므로, **3**문단에 더 넣을 문장으로 알맞습니다.

4 ① **들큼하다**: 맛깔스럽지 아니하게 조금 단 것을 뜻하는 말입니다.
③ **새금하다**: 맛깔스럽게 조금 신 것을 뜻하는 말입니다.
④ **쌉싸래하다**: 조금 쓴 맛이 있는 듯한 것을 뜻하는 말입니다.
⑤ **시그무레하다**: 깊은 맛이 있게 조금 신 것을 뜻하는 말입니다.

5 **6**문단은 설명한 내용을 요약하고 마무리하는 부분으로 글의 끝부분에 해당하고, **7**문단은 매운맛을 나타내는 우리말에 대해 설명하는 부분으로 가운데 부분에 해당합니다. 따라서 이 두 문단의 순서를 바꾸어야 합니다.

6 글쓴이는 맛을 나타내는 우리말에 대해 설명하고 앞으로 맛을 나타낼 때 우리말을 사용하기를 바라는 목적으로 이 글을 썼습니다.

7 '새금하다'는 맛깔스럽게 조금 신 것을 뜻하므로, 상한 시금치나물의 맛을 표현하기에는 알맞지 않습니다.

어휘 정리

1 ⑴ **싱겁다**: 음식의 간이 보통 정도에 이르지 못하고 약하다.
⑶ **쉬다**: 음식 따위가 상하여 맛이 시금하게 변하다.

2 • **손을 떼다**: 하던 일을 그만두다.
• **맛을 붙이다**: 마음에 당겨 재미를 붙이다.
• **꼬리표가 붙다**: 어떤 사람에게 나쁜 평가나 평판이 내려지다.

1 ⑵ ○   2 ⑶ ○   3 늘리면   4 ③, ④   5 ⑤

6 수현   7 ⑵ ○

내용 정리 ❶ 로봇   ❷ 곤충   ❸ 우주 쓰레기

어휘 정리 1 ⑴ 지능   ⑵ 일자리   ⑶ 규범   2 ⑶ ○

1 ㉠에 해당하는 내용은 선재가 미래의 직업에 대해 조사한 까닭입니다. 따라서 ㉠에 들어갈 알맞은 말은 '조사 목적'입니다.

2 ㉡에는 '로봇 윤리학자'가 하는 일 중의 하나인 ⑶이 들어가기에 알맞습니다.

3 ㉢은 '수나 분량 따위를 본디보다 많아지게 하면.'이라는 뜻의 '늘리면'으로 고쳐 써야 합니다.

4 ③ 미래에는 농작물과 가축을 키울 땅과 물이 부족하고 가축의 수를 무작정 늘릴 수 없어 식량이 부족해질 것입니다.
④ 미래에는 우주 개발이 더 활발히 이루어져서 우주 쓰레기도 더 많아질 것입니다.

5 보고서의 생각이나 느낌을 정리한 부분에 선재가 조사를 하면서 걱정스러운 마음이 든 까닭이 나와 있습니다.

6 곤충을 좋아하는 사람도 있으므로, ㉣과 같은 생각은 잘못되었다고 비판할 수 있습니다.

7 미래 직업에 대해 조사한 내용은 설명하는 글의 가운데 부분에 들어가기에 알맞습니다.

어휘 정리

1 ⑴ **지능**: 사물이나 상황을 이해하고 대처하는 지적인 적응 능력.
⑵ **일자리**: 생계를 꾸려 나갈 수 있는 수단으로서의 직업.
⑶ **규범**: 한 사회의 구성원들이 따르고 지켜야 할 행동 규칙.

2 ⑴ **걱정도 팔자다**: 하지 않아도 될 걱정을 하거나 관계도 없는 남의 일에 참견하는 사람에게 놀림조로 이르는 말.
⑵ **걱정을 잡아매다**: 걱정을 하지 않거나 그만두다.
⑶ **걱정이 태산이다**: 해결해야 할 일이 너무 많거나 복잡해서 걱정이 태산처럼 크다.

1 ⑤ 2 닮는 3 ④ 4 생존 5 인영 6 (1) 염색체
(2) 나쁜 7 (3) ○

내용 정리 ❶ 없던 ❷ 환경(환경 요인) ❸ 수

어휘 정리 1 (1) 응고 (2) 적합 (3) 복제 2 얼굴을 들지

1 이 글에서 설명하는 대상인 '돌연변이'가 글의 중심 낱말
입니다.

2 ㉠에는 '사람 또는 사물이 서로 비슷한 생김새나 성질을
지니는.'이라는 뜻의 '닮는'이 들어가기에 알맞습니다.
• 담다: 어떤 물건을 그릇 따위에 넣다.
• 닳다: 갈리거나 오래 쓰여서 어떤 물건이 낡아지거나,
그 물건의 길이, 두께, 크기 따위가 줄어들다.

3 ④는 돌연변이가 생물에게 꼭 나쁜 것만은 아니라는 것
에 대한 예입니다.

4 ㉢과 같은 뜻을 가진 낱말은 '생존'입니다.
생존: 살아 있음. 또는 살아남음.

5 인영이의 말은 돌연변이의 종류에 대해 설명한 ❷의 내
용과 어울리지 않습니다.

6 ❶~❸의 중요한 내용을 연결하면 글 전체의 중심 생각
을 정리할 수 있습니다.

7 이 글은 돌연변이의 뜻과 종류, 돌연변이의 긍정적인 점
을 설명하였습니다. 또한 문제에 주어진 글은 돌연변이
를 이용한 과학 기술을 다루었습니다. 따라서 두 글을 바
탕으로 만들 수 있는 토론 주제는 (3)이 알맞습니다.

어휘 정리

1 (1) **응고시키다**: 액체 따위가 엉겨서 뭉쳐 딱딱하게 굳어
지게 하다.
(2) **적합하다**: 일이나 조건 따위에 꼭 알맞다.

2 • **얼굴을 들다**: 남을 떳떳이 대하다.
• **얼굴을 보다**: 체면을 고려하다.
• **얼굴을 고치다**: 화장을 다시 하다.

1 섞은 2 ㉰ 3 (1) ○ 4 ①, ⑤ 5 ① 6 ①
7 수민

내용 정리 ❶ 찜통에 찐 ❷ 난 ❸ 고기 ❹ 도넛

어휘 정리 1 (1) 대표 (2) 재배 (3) 전파
2 밥 먹듯 하다

1 ㉠에는 '두 가지 이상의 것을 한데 합치는.'이라는 뜻의
'섞은'이 들어가기에 알맞습니다.

2 ㉮~㉰ 중 ❷문단에서 설명한 난과 관련 있는 내용은 ㉰
입니다.

3 ㉢ 뒷부분에서 미트파이에 대해 자세히 설명하고 있습니
다. 따라서 ㉢에 들어갈 ❸문단의 중심 문장으로 알맞은
것은 (1)입니다.

4 ② 베이글은 밀가루 반죽을 끓는 물에 한 번 데쳐서 겉을
익힌 다음 오븐에 구워서 만듭니다.
③ 호주 사람들은 간식으로 햄버거보다 미트파이를 더
즐겨 먹습니다.
④ 화쥐안은 꽃 모양의 반죽을 찜통에 찐 빵입니다.

5 문제에 주어진 글에서 각 나라에서 즐겨 먹는 빵에 대해
알아보자고 하였습니다. 따라서 설명하는 글의 처음 부분
에 해당하므로 ❶문단 앞에 들어가는 것이 알맞습니다.

6 글쓴이는 중국, 인도, 호주, 미국을 대표하는 빵에 대한
여러 가지 사실을 설명하며, 각 나라마다 즐겨 먹는 빵이
있음을 말하고 있습니다.

7 수민이처럼 세계 여러 나라의 빵을 맛볼 때 빵의 유래나
만드는 방법 등을 알아보면 그 나라의 문화를 더 잘 이해
할 수 있습니다.

어휘 정리

1 (1) **대표하다**: 전체의 상태나 성질을 어느 하나로 잘 나타
내다.
(2) **재배하다**: 식물을 심어 가꾸다.
(3) **전파되다**: 전하여져 널리 퍼뜨려지다.

2 • **밥을 주다**: 시계가 정상적으로 작동하도록 태엽을 감아
주다.
• **밥 먹듯 하다**: 예사로 자주 하다.
• **밥 구경을 하다**: 오래간만에 밥을 먹다.

108~111쪽

1 월트 디즈니 2 끊이지 3 ㉰ 4 ①, ② 5 ③
6 (3) ○ 7 ③

내용 정리 ❶ 장편 ❷ 돈 ❸ 대성공
어휘 정리 1 (1) 인력 (2) 임원 (3) 걸작
  2 (1) 눈도 깜짝 안 했다 (2) 입을 모았다

1 이 글은 월트 디즈니의 생애와 업적을 쓴 전기문의 일부분입니다.

2 관람객이 계속 이어졌다는 뜻이므로, ㉠은 '끊이지'로 고쳐 써야 합니다.

3 문제에 주어진 글은 장편 만화 영화 「백설 공주」를 만들면서 힘든 점에 대한 내용이므로, ㉰에 들어가기에 알맞습니다.

4 ① 비평가들은 장편 만화 영화 「백설 공주」를 걸작이라고 칭찬했습니다.
  ② 월트가 장편 만화 영화를 만든다는 사실이 알려지자 많은 사람이 월트를 어리석다고 비웃었습니다.

5 사람들의 비웃음과 많은 어려움을 이겨 내며 장편 만화 영화 「백설 공주」를 만든 과정을 통해 월트는 의지가 강하고 적극적인 성격임을 알 수 있습니다.

6 글쓴이가 이 글을 통해 말하려는 내용을 바르게 정리한 것은 (3)입니다.

7 ③은 이 글과 관련 없는 내용입니다. 이 글과 관련해 더 알고 싶은 내용은 월트 디즈니의 삶이나 월트 디즈니가 만든 작품과 관련된 것이어야 합니다.

어휘 정리

1 (1) **인력**: 사람의 노동력.
  (2) **임원**: 어떤 단체에 소속하여 그 단체의 중요한 일을 맡아보는 사람.
2 (1) **눈도 깜짝 안 하다**: 조금도 놀라지 않고 태연하다.
  (2) **입을 모으다**: 여러 사람이 같은 의견을 말하다.

116~119쪽

비법 1 **예시** ②
  연습 1 이로움 2 (3) ×
비법 2 **예시** ㉯
  연습 1 (2) ○ 2 (3) ○

비법 1

예시 글쓴이의 주장이 나타나 있는 '기침 예절을 지키자'가 제목으로 알맞습니다.

연습 2 글쓴이는 다른 사람과 이야기하며 고민을 해결하는 것이 바람직하다고 주장하고 있으므로, (1)과 (2)가 제목으로 알맞습니다.

비법 2

예시 문제 상황과 주장이 드러난 ❶문단은 서론, 근거가 나타난 ❷문단과 ❸문단은 본론, 글의 내용을 요약하고 주장을 다시 한번 강조한 ❹문단은 결론에 해당합니다.

연습 2 이 글은 반려견이 사람을 무는 사고가 증가하는 문제와 그 해결 방법을 제시한 문제와 해결 짜임입니다.

120~123쪽

비법 3 **예시** ①, ⑤
  연습 1 (1) ○ 2 (1) ○ (3) ○
비법 4 **예시** 민아
  연습 1 (2) ○ 2 (3) ○

비법 3

예시 글쓴이의 주장에 덧붙일 근거는 어린이 비만을 예방하기 위한 올바른 생활 습관이어야 합니다.

연습 2 친구 사이에 거짓말을 하면 안 된다는 주원이의 의견에 어울리는 근거는 (1)과 (3)입니다.

비법 4

예시 ㉠은 식물을 키우면 어린이가 폭력적인 언어를 사용하는 일이 줄어든다는 근거와 관련 있고 믿을 만하며 자료의 출처가 분명하므로, 뒷받침 문장으로 적절합니다.

연습 2 ㉠은 음식값과 물건값 등이 많이 올라서 어렵거나 힘들다는 내용으로 고쳐 써야 합니다.

1 ③　2 (1) **1** (2) **2, 3** (3) **4**　3 ⑤

4 (1) (선수들이 입은) 특수 수영복　(2) 선수들의 기량과
노력　5 (3) ○　6 ③　7 ④

내용 정리 ❶ 잃게 한다　❷ 첨단 스포츠 장비
❸ 공정한

어휘 정리 1 (1) 지원　(2) 한계　(3) 기량　2 (2) ○

1 운동 경기에서 첨단 스포츠 장비를 사용하지 말자는 주
장이 담긴 이 글의 제목으로는 ③이 알맞습니다.

2 문제 상황과 주장이 나타난 **1**문단은 서론, 주장에 대한
근거를 제시한 **2**, **3**문단은 본론, 주장을 다시 한번 강
조한 **4**문단은 결론에 해당합니다.

3 **1**문단에서 첨단 스포츠 장비를 사용하면 선수의 단점이
보완되어 선수가 인간의 한계를 뛰어넘는 기록을 세우는
데 도움이 된다고 하였습니다.

4 ⓒ 앞 문장에서 '나그네'와 '주인'이 뜻하는 것을 파악할
수 있습니다.
나그네가 주인 노릇 한다: 주객이 전도된 경우를 비유적
으로 이르는 말로, 중심이 되는 것과 주변적인 것이 뒤바
뀐 상황을 뜻하는 말.

5 ⓒ은 운동 경기에서 첨단 스포츠 장비 사용이 왜 공정하
지 않은지 자세히 설명하는 문장으로, 뒷받침 문장으로
적절합니다.

6 이 글에는 운동 경기에서 첨단 스포츠 장비를 사용해서
는 안 되는 까닭을 근거로 덧붙일 수 있습니다.

7 글쓴이와 문제에 주어진 기사문에 나오는 국제 육상 경
기 연맹 모두 공정성을 중요하게 여깁니다.

어휘 정리

1 (1) **지원**: 물질이나 행동으로 도움.
(2) **한계**: 사물이나 능력, 책임 따위가 실제 작용할 수 있
는 범위. 또는 그런 범위를 나타내는 선.

2 (1) **물과 기름**: 서로 어울리지 못하여 겉도는 사이.
(2) **간발의 차이**: 서로 엇비슷할 정도의 아주 작은 차이.
(3) **빙산의 일각**: 대부분이 숨겨져 있고 외부로 나타나 있
는 것은 극히 일부분에 지나지 아니함을 비유적으로
이르는 말.

1 ①, ③, ⑤　2 인터넷 실명제　3 (1) 없다
(2) 적절하지 않다　4 ④　5 ②　6 (4) ○　7 (2) ○

내용 정리 ❶ 심각해짐　❷ 인터넷 실명제
❸ 악성 댓글

어휘 정리 1 (1) 침해　(2) 수사　(3) 폐지　2 (1) ○

1 글쓴이의 주장인 '인터넷 실명제를 다시 실시해야 한다.'
와 관련된 제목은 ①, ③, ⑤입니다.

2 ㉠은 앞부분에서 설명한 '인터넷 실명제'를 말합니다.

3 ㉡은 인터넷 실명제를 실시했을 때 악성 댓글이 줄어드
는 효과가 거의 없다는 것을 보여 주는 자료이므로, 첫째
근거를 뒷받침하기에 적절하지 않습니다.

4 악성 댓글과 사이버 범죄는 자신이 누구인지 밝히지 않
아도 되는 인터넷의 익명성 때문에 일어납니다.

5 이 글에 덧붙일 근거는 인터넷 실명제를 실시했을 때의
효과와 관련 있는 내용이어야 합니다.
① 인터넷 실명제와 관련 없는 내용입니다.
③, ④ 인터넷 실명제를 반대한다는 주장을 뒷받침하는
근거입니다.
⑤ 이 글에서 제시한 둘째 근거의 세부 내용입니다.

6 문제에 주어진 내용은 이 글의 내용을 요약하고 주장을
다시 한번 강조한 결론 부분에 해당합니다. 따라서 **3**문
단의 뒤에 들어가는 것이 알맞습니다.

7 성하는 표현의 자유를 보장하기 위해 인터넷 실명제를
실시하면 안 된다고 생각합니다. 따라서 인터넷 실명제
를 다시 실시해야 한다고 생각하는 글쓴이가 성하의 의
견을 듣고 했을 말로는 (2)가 알맞습니다.

어휘 정리

1 (2) **수사하다**: 주로 경찰이나 검찰이 범인이나 용의자를
가려내고 체포하기 위해 사건을 조사하다.
(3) **폐지하다**: 실시하여 오던 제도나 법규, 일 따위를 그
만두거나 없애다.

2 (1) **발 빠르다**: 알맞은 조치를 신속히 취하다.
(2) **바닥을 기다**: 정도나 수준이 형편없다.
(3) **말만 앞세우다**: 말만 앞질러 하고 실천은 하지 않다.

1 ⑤　2 ③　3 (1) 산불 (2) 피해　4 (1) ㉢, ㉣ (2) ㉢

5 ②, ⑤　6 ②, ④　7 (1) ○ (2) × (3) ○ (4) ×

내용 정리　❶ 막대하다　❷ 쓰레기　❸ 산불

어휘 정리　1 (1) 건수 (2) 진화 (3) 취사　2 (1) ○

1 이 글은 문제와 해결 짜임의 글로, 산불이 자주 발생하여 피해가 막대하다는 문제 상황을 먼저 제시한 뒤 산불을 예방하는 방법을 제시하였습니다.

2 글쓴이의 주장이 담긴 ③이 글의 제목으로 알맞습니다.

3 첫 번째 문단에 글쓴이가 생각하는 문제 상황이 나타나 있습니다.

4 (1) ㉢, ㉣은 산불을 예방하는 방법으로 알맞습니다.
   (2) ㉣은 산불이 났을 때 대처하는 방법이므로, 뒷받침 문장으로 알맞지 않습니다.

5 두 번째 문단과 세 번째 문단에서 글쓴이가 산불을 예방하기 위한 방법으로 제시한 것은 ②와 ⑤입니다.

6 '주의-부주의'처럼 뜻이 서로 반대되는 것끼리 짝 지어진 것은 ②와 ④입니다.

7 (1)은 산불을 조심했을 때의 좋은 점을, (3)은 산불로 인한 피해를 경고하는 내용을 담은 표어입니다.

어휘 정리

1 (1) **건수**: 사물이나 사건의 가짓수.

2 (1) **신경 쓰다**: 사소한 일에까지 세심하게 주의를 기울이다.
   (2) **눈을 붙이다**: 잠을 자다.
   (3) **배를 두드리다**: 생활이 풍족하거나 살림살이가 윤택하여 안락하게 지내다.

---

1 ④　2 ❷, ❸, ❹　3 ④　4 보영　5 ⑤　6 (2) ○

7 (1) ○

내용 정리　❶ 방해하고　❷ 척추 옆굽음증　❸ 자세

어휘 정리　1 (1) 굽고 (2) 짚고 (3) 메고　2 (3) ○

1 글쓴이는 척추 옆굽음증에 걸리지 않게 해야 한다고 주장하고 있습니다.

2 척추 옆굽음증에 걸리지 않기 위해 해야 할 일을 제시한 ❷~❹문단이 본론 부분입니다. ❶문단은 서론, ❺문단은 결론 부분입니다.

3 이 글에서 척추 옆굽음증은 정면으로 봤을 때 척추가 C자나 S자 모양으로 굽어 있다고 했습니다.

4 의자에 앉을 때는 엉덩이를 의자 뒤쪽에 붙여 허리를 곧게 펴고 양발이 바닥에 닿도록 해야 합니다. 따라서 ㉡은 의자에 앉을 때 바른 자세가 아니므로, 뒷받침 문장으로 적절하지 않습니다.

5 '틈틈이'는 '시간적인 여유가 있을 때마다.'라는 뜻의 낱말로, '짬짬이'와 바꾸어 쓸 수 있습니다.

6 '척추 옆굽음증에 걸리지 않도록 하자'라는 글쓴이의 주장과 관련 있고 주장을 더욱 설득력 있게 뒷받침해 주는 근거는 (2)입니다.

7 그림 속 여자아이는 짝다리를 짚고 서서 휴대 전화를 하고 있습니다. 따라서 이 글을 바탕으로 여자아이에게 충고할 말로는 (1)이 알맞습니다.

어휘 정리

1 (1) **굽다**: 한쪽으로 휘다.
   (2) **짚다**: 바닥이나 벽, 지팡이 따위에 몸을 의지하다.
   (3) **메다**: 어깨에 걸치거나 올려놓다.

2 (1) **그림자도 없다**: 흔적이나 자취가 없다.
   (2) **숨 쉴 사이가 없다**: 좀 쉴 만한 시간적 여유도 없이 몹시 바쁘다.
   (3) **두말할 나위가 없다**: 너무나 당연하여 더 이상 말할 필요가 없다.

1 (1) 최수아 (2) ○○ 아파트 주민 (여러분)   2 ③

3 ④   4 하늘   5 (1) ❷ (2) ❸   6 ⑤   7 (2) ○

내용 정리 ❶ 담배 ❷ 아파트 베란다 ❸ 간접흡연

어휘 정리 1 (1) 노출 (2) 피신 (3) 지장   2 (3) ○

1 이 글의 첫부분과 마지막 부분을 통해 최수아가 ○○ 아파트 주민에게 쓴 제안하는 글임을 알 수 있습니다.

2 어떤 행동이 잇따라 자꾸 일어날 때 '연신'이라는 말을 사용합니다.

3 ❸문단의 두 번째 문장에 글쓴이가 제안을 하는 까닭이 나타나 있습니다.

4 ㉡과 ㉢은 담배 연기가 왜 건강에 좋지 않은지를 설명하고 있어 뒷받침 문장으로 적절합니다. 그러나 ㉣은 제안하는 내용과 관련 없는 내용으로, 뒷받침 문장으로 적절하지 않습니다.

5 ❶문단에는 글을 쓴 사람과 글을 쓰게 된 까닭이, ❷문단에는 문제 상황이, ❸문단에는 제안하는 내용과 그 까닭이 드러나 있습니다. ❹문단은 당부하는 말을 쓴 부분입니다.

6 글쓴이가 제안하는 내용은 아파트 베란다에서 담배를 피우지 않았으면 좋겠다는 것입니다.

7 이 글의 문제 상황은 아파트 베란다에서 들어오는 담배 연기와 냄새로 고통을 받는 주민들이 많다는 것입니다. 이를 해결하기 위해 아파트 관리소에 할 제안으로 알맞은 것은 (2)입니다.

어휘 정리

1 (2) **피신**: 위험을 피하여 몸을 숨김.
   (3) **지장**: 일하는 데 거치적거리거나 방해가 되는 장애.

2 (1) **너 죽고 나 죽자**: 자신도 죽을 각오를 하고 상대방과 맞서 싸울 때 하는 말.
   (2) **너 나 할 것 없이**: 누구를 가릴 것 없이 모두.
   (3) **너는 너고 나는 나다**: 너와 나와는 관계가 없다는 뜻으로, 남에 대하여 전혀 무관심하고 자기의 이익만 채우는 이기적인 태도를 이르는 말.

1 (1) 부모(님) (2) 효도   2 ③   3 ④   4 ㉥

5 (1) ❷, ❸ (2) ❹ (3) ❶   6 ②, ⑤   7 (1) ○

내용 정리 ❶ 경시하는 ❷ 효도 ❸ 건강

어휘 정리 1 (1) 근본 (2) 경시 (3) 공경   2 (1) ○

1 글쓴이의 주장은 부모님께 효도하자는 것입니다.

2 ㉡은 수많은 일 중에서 부모님을 섬기는 일이 가장 중요함을 일깨워 주는 말이라고 했습니다.

3 '중시하다'는 매우 크고 중요하게 여긴다는 뜻으로, 뜻이 반대되는 낱말은 '경시하다'입니다.
   경시하다: 대수롭지 않게 보거나 업신여기다.

4 식사를 할 때에는 부모님께서 드신 뒤에 먹어야 하므로, ㉥은 예의 바른 행동이 아닙니다.

5 서론인 ❶문단에서 문제 상황과 주장을 제시하였고, 본론인 ❷, ❸문단에서 주장에 대한 근거를 제시했습니다. 결론인 ❹문단에서는 주장을 강조하고 희망적으로 마무리했습니다.

6 이 글에는 부모님께 효도하는 방법에 대한 내용을 근거로 덧붙이기에 알맞습니다. 그런데 ②는 부모님께 효도하는 방법으로 옳지 않고, ⑤는 부모님께 효도하는 방법과 관련 없으므로 덧붙일 근거로 알맞지 않습니다.

7 글쓴이는 몸과 마음의 건강을 지키고 부모님께 예의 바르게 행동하면 효도를 할 수 있다고 했습니다. 하지만 채호는 글쓴이와 다른 입장에서 자신의 몸을 희생한 심청의 행동이 효도라고 판단했습니다.

어휘 정리

1 (3) **공경하다**: 공손히 받들어 모시다.

2 (1) **비 오듯**: 눈물이나 땀 따위가 줄줄 많이 쏟아지다.
   (2) **게 눈 감추듯**: 음식을 허겁지겁 빨리 먹어 치움을 비유적으로 이르는 말.
   (3) **강 건너 불 보듯**: 자기에게 관계없는 일이라고 하여 무관심하게 방관하는 모양.

낱말 미로

38~39쪽

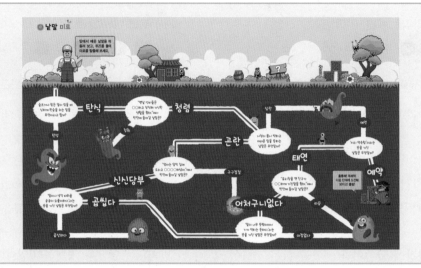

58~59쪽

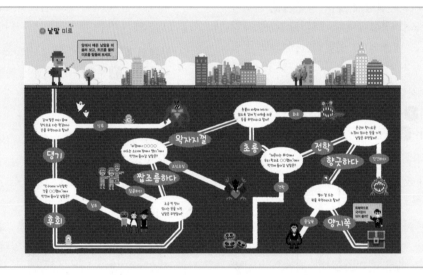

86~87쪽

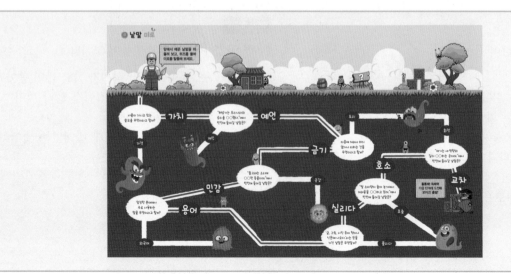

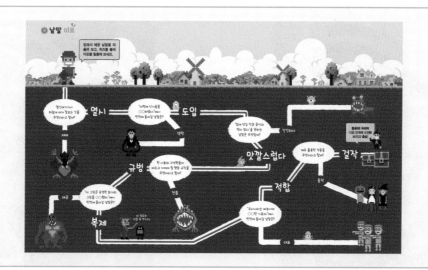

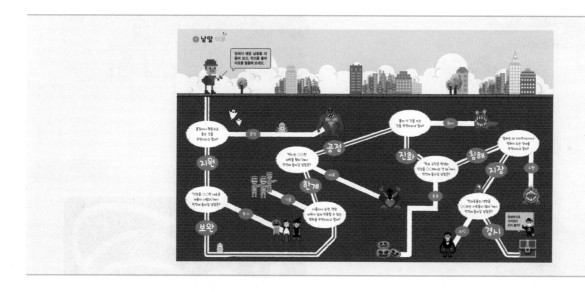

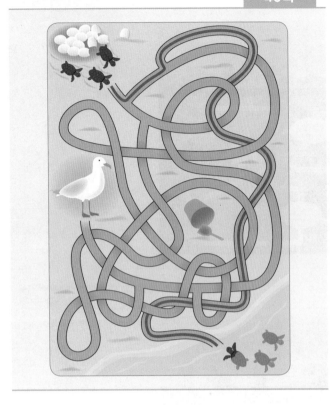

40쪽

60쪽

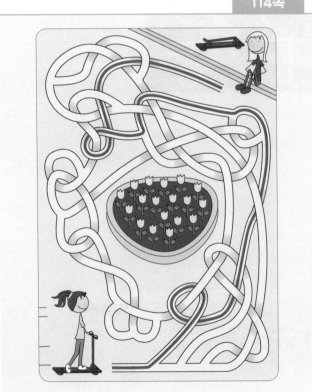

114쪽

150쪽

길벗스쿨

기적의 학습서
오늘도 한 뼘 자랐습니다.

기적의 공부방에서 함께 공부해요!

길벗스쿨 공식 카페 〈기적의 공부방〉
http://cafe.naver.com/gilbutschool

★**지금 가입하면 누릴 수 있는 3가지!**

1 꾸준한 학습이 가능해요!

- 스케줄 관리를 통해 책 한 권을 끝낼 수 있는 **학습단**에 참여해 보세요!
- 도서 관련 **학습 자료**와 **선배 엄마들의 노하우**를 확인할 수 있어요!
- 궁금한 것이 있다면 **Q&A 서비스**를 통해 카페지기와 선배 엄마들의 답변을 들을 수 있어요!

2 책 기획 과정에 참여해요!

- **독자기획단**을 통해 전문 편집자와 함께 아이템 선정부터 책의 목차, 책의 구성 등을 함께 만들어가요!
- 출간 전 도서를 체험해 보는 **베타테스트**를 통해 도서의 장/단점을 파악하여 더 나은 도서를 만드는 데 기여해요!

3 재미와 선물이 팡팡 터져요!

- 매일 새로운 주제로 엄마들과 **댓글 이야기**를 나누고 간식도 받아요!
- 매주 카페 **활동왕**을 선정하여 푸짐한 상품을 드려요!
- 사진 콘테스트 등 매번 색다른 **친목 이벤트**로 재미와 선물을 동시에 잡아요!

기적의 공부방은 엄마표 학습을 응원합니다!